LES

DEUX VOILES,

CHRONIQUE FRANC-COMTOISE

Du XVIe siècle,

Par Jules PROST LACUZON.

DOLE,

IMPRIMERIE DUPRÉ-PRUDONT,

LIBRAIRE-ÉDITEUR.

—

1863.

LES DEUX VOILES.

LES DEUX VOILES,

CHRONIQUE FRANC-COMTOISE

Du XVIe siècle,

Par Jules PROST.

DOLE,

IMPRIMERIE DUPRÉ-PRUDONT,

LIBRAIRE-ÉDITEUR.

—

1863.

COURT AVERTISSEMENT

QUI N'EN EST PAS UN.

—

Voulant sauver de l'oubli les traditions ou légendes dont notre pays abonde, j'ai livré témérairement au public celles qui m'ont semblé les plus dignes de son attention et qui se rattachaient à des noms de localités encore usités de nos jours.

Ce travail ardu fait à la hâte dans mes courts instants de loisir, sans même être relu, demandait une grande indulgence qu'on a bien voulu m'accorder; je la réclame encore pour cette dernière nouvelle que je publie, et je souhaite qu'elle puisse intéresser les Dolois pour lesquels je l'ai particulièrement écrite.

J. PROST-LACUZON.

Dole, ce 28 décembre 1862.

LES
DEUX VOILES,
CHRONIQUE FRANC-COMTOISE

Du XVI⁰ siècle.

PROLOGUE.

—

> La sympathie est un mystérieux
> trait d'union qui relie deux
> âmes entre-elles.

Par une belle matinée du mois de mai
1503, une jeune fille de petite taille mais
bien proportionnée, s'acheminait pédestre-
ment dans la direction de la cathédrale non
encore achevée de la ville de Dole, afin d'y
aller remplir quelque devoir religieux ac-
coutumé.

Sa figure d'une coupe qu'on ne trouve que
chez les belles juives, offrait des traits réguliers, dont l'aspect était habituellement d'une
grande sévérité, tout en conservant malgré

ce, un cachet de distinction et de noblesse qu'aurait envié plus d'un visage aristocratique de nos jours.

Ses yeux d'un noir de jais et fendus régulièrement en amande, étaient presque durs, et on en eût parfaitement caractérisé le regard, en le comparant à celui de l'aigle.

Ses lèvres minces, qu'un simple linéament rose semblait indiquer, annonçaient un esprit fin, enclin parfois à une innocente causticité.

Ses sourcils peu arqués et finement dessinés, étaient ainsi que ses cheveux qu'elle portait en bandeaux, de ce beau noir velouté qu'offre les reflets de l'aile du corbeau.

Quant aux pieds et aux mains, ils étaient à peu près irréprochables.

Cette jeune fille qui pouvait avoir vingt-neuf ans environ, et qui, malgré ce, plaisait plus encore qu'elle n'aurait peut-être pu le faire à un âge moins avancé, était orpheline, et s'appelait Eva de Leurandex.

Faible de tempérament et par conséquent ayant la poitrine délicate, nul n'auroit pu soupçonner qu'une aussi frêle enveloppe renfermait une âme virile fortement trempée, et une énergie de volonté peu commune.

Si l'on joint à cela, une exquise délicatesse de sentiments, un esprit droit et éclairé joint à une grande modestie ; une conversation variée, agréable, et enfin, un cœur aimant, généreux et dévoué, on aura une esquisse assez rapide des qualités rares et brillantes d'Eva de Leurandex.

Seulement, hâtons-nous de le dire, on ne pouvait lui reprocher qu'une défiance exagérée en matière d'amitié ou de sentiments; elle était peu ou point croyante, en tout ce qui avait rapport à cette matière.

Aussi, pouvait-on supposer que cette défiance ou cette incrédulité, provenait soit des principes qui lui avaient été inculqués, soit d'une sincère affection qui, jadis, avait été méconnue, où mal récompensée.

Mais malgré ce scepticisme de sentiments, cette jeune personne n'en était pas moins une perle rare à rencontrer, et qui cependant, vivait obscure, ignorée, et appréciée seulement par ceux qui avaient l'avantage de la connaître.

Pieuse sans scrupule et sans ostentation, elle remplissait exactement ses devoirs religieux non pour être vue ou louée, mais par conviction; et au moment ou commence ce récit, elle allait entendre une messe basse qui se célébrait dans une des chapelles de la cathédrale non encore achevée.

La place alors était encombrée d'échaffaudages, des cordes, des pierres de taille et de bois de charpente, destinés à être utilisés pour commencer l'église paroissiale; et les

maçons de Dijon venaient de poser les fon-
dations et lourde tour carrée qui, encore
debout, est menacée de nos jours d'une ruine
prochaine.

Abrité derrière un amas de bois et de
pierres, un homme jeune encore, semblait
attendre quelqu'un.

Sa mise simple et sévère, ne trahissait en
rien le rang qu'il pouvait occuper dans l'é-
chelle sociale ; seulement, une figure ex-
pressive malgré l'empreinte de tristesse qui
semblait y résider habituellement, des yeux
intelligents, expressifs, et un front largement développé, indiquaient que cet individu
devait posséder une intelligence capable de
grandes choses, comme son cœur l'était d'un
grand dévouement.

Lorsque mademoiselle de Leurandex passa
devant lui pour gagner le porche et de là, la
porte donnant accès dans la cathédrale, l'inconnu la salua courtoisement ; un sourire
de satisfaction illumina rapidement sa figure
si triste et si sombre d'habitude, et il péné-
tra à sa suite dans l'intérieur du sanctuaire.

Là, il se prosterna humblement près du
chœur, se couvrit la figure de ses mains, et
sembla prier avec ferveur ; seulement, si
quelque observateur eût été assez rapproché
de lui, il eut pu entendre de sourds san-
glots s'échapper de ce cœur oppressé ; il eut

pu voir des larmes brûlantes s'échapper à travers ses doigts convulsivement rapprochés, et il eut saisi quelque supplications dans le genre de celles-ci : — Mon Dieu ! ayez pitié de moi ; mon Dieu ! ne me laissez pas lutter seul ; faites que j'oublie, ou donnez-moi la force de fuir.

Après cette crise de douleur dont la cause était un mystère pour tout autre, l'inconnu essuya ses yeux, releva fièrement la tête puis, chercha du regard mademoiselle de Leurandex.

Ne la voyant plus, il sortit de l'église.

— Du courage, murmura-t-il ; je parlerai demain.

FIN DU PROLOGUE.

L'amour saint, l'amour vrai, est une fleur délicate et parfumée qui ne croît et ne se développe que dans les cœurs neufs et candides repliés sur eux-mêmes et ayant beaucoup souffert, et chez lesquels, un sentiment d'une exquise noblesse qui en est comme le parfum, l'emporte sur la brute et sensuelle matière.

Aimer ainsi, c'est savoir.

I.

Le promeneur ou l'étranger qui parcourant la ville de Dole jadis si renommée et aujourd'hui si obscure, s'arrêterait rue de Besançon, vis-à-vis la maison qui touche celle occupée aujourd'hui par monsieur Blanche, négociant épicier, aurait alors devant les yeux l'hôtel de la famille de Carrondelet qui, plus tard, passa à monsieur de St-Mauris, vicomte mayeur de la ville de Dole, en l'an de grâce 1636.

Cet hôtel qui à l'époque où se passe notre récit, occupait un espace qui, partant de la rue du Vieux-Marché, s'étendait du double d'aujourd'hui en longueur et en largeur, était en 1503, une demeure assez sombre, à l'aspect triste et quasi lugubre.

Il formait un vaste quadrilatère composé

à droite et à gauche, d'un corps de logis destiné aux écuries, bûchers, retraits, et chambres du nombreux personnel de domestiques attachés à la maison. Au fond, se trouvaient les appartements des maîtres, les salons de réception, etc.

Deux étages contenant également une longue enfilade de chambres à donner, se trouvaient au dessus des appartements principaux, le tout, couronné de vastes greniers ou séchoirs.

Une cour assez vaste s'avançant jusque sur la rue de Besançon, et fermée par une façade historiée dans laquelle s'ouvrait une grande porte à plein cintre flanquée de deux plus petites latérales, tel était à cette époque, l'aspect général de cette demeure.

Elle avait appartenu à messire Jehan Carondelet, chancelier sous Maximillien d'Autriche, et depuis son décès arrivé en 1501, elle était échue en héritage à son fils Aymé, âgé alors de vingt ans environ, et dont Claude Carondelet qui avait rempli les fonctions d'ambassadeur à Londres, et que la mort de son frère avait rappelé à Dole, avait été nommé tuteur.

Ces quelques détails qu'il était important de connaître étant achevés, nous allons reprendre le fil de notre récit, pour ne plus l'interrompre désormais.

Or donc, par une soirée assez sombre de

l'année 1503, une des petites portes latérales de l'hôtel des Carondelet s'ouvrit avec précaution, et une forme humaine et noirâtre, avança lentement la tête à travers l'entrebaîllement de la porte, comme pour s'assurer si personne n'était dans la rue.

Après quelques minutes d'attente pendant lesquelles l'ombre put s'assurer qu'elle était complètement déserte, elle s'avança tout-à-fait dehors, referma avec soin et sans bruit la petite porte, et descendit rapidement la rue en longeant le long des maisons qui se trouvaient à sa droite.

De temps en temps, elle tournait la tête afin de s'assurer qu'elle n'était ni épiée ni suivie, puis elle reprenait son pas rapide.

Arrivée vis-à-vis la rue St-Georges, l'ombre ou l'homme s'arrêta, puis, soulevant le loqueteau d'une petite porte basse et cintrée qui, malgré les règlements de la cité n'avait point été fermée à clef, il l'ouvrit, s'enfonça dans une allée profonde, étroite et obscure, monta un escalier, et frappa d'une certaine manière à une porte de chêne située sur le premier palier.

Au bout de quelques minutes, une servante portant une lampe, vint regarder à travers le judas, puis satisfaite sans doute de son inspection, elle tourna la clef, tira les verrous, et livra passage au nouvel arrivant.

— Que fait mademoiselle Eva ? demanda-t-il avec empressement.

— Entrez, répondit la servante ; elle vous attend ; la crise a encore été bien forte cet après-midi, et mademoiselle pensait que vous viendriez plutôt.

— Il m'a été impossible de sortir ; répondit l'individu dont la figure éclairée alors en pleine lumière, accusait un homme de trente ans environ.

— Eh ! bien, suivez-moi ; je vais vous introduire.

Et la domestique ainsi que le nouvel arrivant, pénétrèrent dans une seconde pièce éclairée par deux lampes.

Auprès d'un feu clair et pétillant, une jeune fille à l'air mélancolique et sévère, était assise à demi-renversée dans un grand fauteuil gothique, dont l'antique tapisserie annonçait un long usage.

Elle pouvait avoir vingt-neuf ans environ, et une longue souffrance intérieure se reflétait sur des traits charmants et réguliers.

— Eva ! exclama le jeune homme en courant à elle et lui tendant la main.

Mais la jeune fille sourit tristement et resta immobile.

— Toujours ! toujours ! murmura le nouvel arrivé d'un ton de voix désespéré.

— Toujours ! répondit faiblement celle qu'on appelait Eva ; que voulez-vous ; je suis ainsi faite ; au reste, voilà quatre grands mois que ne vous ai vue, et je ne m'explique pas l'intérêt ou la nécessité qui vous ramène en ces lieux; mais, remplissez votre charge; me voilà prête à me soumettre à vos pres-criptions que je veux essayer encore une fois.

Le jeune homme tout en soupirant pro-fondément, tâta le pouls de la malade, exa-mina soigneusement l'ensemble des symp-tômes accusés, puis prit congé.

— Quand reviendrai-je ? lui demanda-t-il.

— Quand vous le jugerez convenable.

— Adieu ! murmura-t-il; adieu !

Et il reprit tristement le chemin par le-quel il était venu.

Restée seule, mademoiselle Eva de Leu-randex, se leva péniblement du siége qu'elle occupait, prit un livre placé sur un petit secrétaire situé derrière elle, l'ouvrit, puis se recueillant, s'absorba bientôt dans sa lecture.

Ce livre était l'imitation de N. S. J.-C., et le chapitre qu'elle lisait avec tant d'attention, était le 22° chapitre du 3° livre.

Au bout d'un instant elle sonna, et la domestique qui la servait se présenta dans la chambre.

— Julie, lui dit-elle; vous irez me quérir demain le révérend père supérieur des Cordeliers, et s'il hésitait à venir, vous in-sisteriez et lui diriez de ma part, qu'il faut absolument que je lui parle.

— Cela sera fait mademoiselle; mais à quelle heure faudra-t-il qu'il vienne ?

— A l'heure qui lui sera la plus convenable, car je ne sortirai pas ; revenez dans une demi-heure afin de m'aider à me déshabiller je désire me mettre au lit.

— C'est bien mademoiselle.

Et Julie sortit.

Après un instant pendant lequel mademoiselle de Leurandex sembla réfléchir profondément, elle se leva, alla s'agenouiller sur un prie-Dieu placé au-dessous d'un magnifique christ d'ivoire, fit dévotement sa prière du soir, et se coucha.

Rentré dans l'hôtel de son tuteur, le jeune homme dont nous venons de parler qui n'était autre qu'Aymé Carondelet, gagna furtivement sa chambre et se jeta, plutôt qu'il ne s'assit sur un siége.

Sa figure éclairée par une lampe dont un écran transparent tempérait la trop vive lueur, exprimait le plus profond découragement.

Au bout d'un instant, il se leva brusquement comme si une subite résolution eut traversé son esprit, et sonna violemment son domestique.

Peu après, un pas discret et précipité tout à la fois se fit entendre, et la porte livra passage à un homme d'un âge mûr complètement vêtu de noir, qui s'avança respectneusement le chaperon à la main jusqu'à deux pas d'Aymé.

— Monsieur désire-t-il se coucher ? demanda le serviteur.

— Non Claude; non, répondit brusquement le jeune homme ; je ne me sens pas d'humeur à dormir; tu vas prendre ta lanterne sourde, puis, tu auras soin de suspendre à ton côté par dessous ton manteau, une bonne et solide épée de Tolède.

— Bonté du ciel ! murmura sourdement Claude; où donc...

— Silence ! et pas de questions; répliqua d'un ton sec et bref Aymé Carondelet; il ne te plaît plus d'être à mon service ni de me suivre, tu es libre; je sortirai seul, et te remplacerai demain; or, avant de faire mon choix, j'aurai soin de m'assurer si ce nouveau domestique n'est ni questionneur ni poltron, car je ne supporterais point deux semblables défauts; retourne donc te coucher, je serais désolé de troubler le sommeil d'un homme aussi paisible; je l'engage à se retirer tranquillement.

— Messire Aymé, répondit fièrement le vieux varlet de chambre en relevant fièrement la tête; regardez cette large cicatrice qui a labouré mon front; elle m'a été faite par les soudards de Louis le onzième que Dieu confonde, après un siége de deux jours soutenu vaillamment par moi et plusieurs autres, dans la cave de l'échevin Perrin, dont la maison avait été pillée et mis à sac; j'avais vingt ans alors. (1)

Regardez maintenant ce large linéament blanc qui est resté sur ma poitrine comme une marque inéffaçable; c'est en défendant un des membres de votre famille attaqué nuitamment et par surprise, par quatre spadassins; j'en tuai deux et blessai mortellement le troisième, tout en m'enferrant moi-même sur son épée.

Voyez enfin cette dépression qui se fait remarquer au-dessus de l'arcade sourcilière gauche; c'est en arrêtant au péril de ma vie un cheval emporté sur lequel vous trouviez, que j'ai gagné cette troisième blessure : aussi, vous avez raison messire; après tant de horions reçus, je puis bien aller me coucher; n'est-il pas vrai ?

Et en prononçant ces mots, la voix du serviteur avait un ton de douloureuse raillerie qui faisait mal à entendre.

— Pardon, mon vieil ami ; répliqua Aymé en tendant la main à son vieux domestique ; mais vois-tu, il faut absolument que je sorte cette nuit; j'ai la tête perdue.

— Encore elle, n'est-il pas vrai ? demanda Claude.

— Oui, toujours toujours elle; et impos-

(1) Cette cave est appelée de nos jours, *la cave de l'enfer*.

sible d'en tirer une réponse ; impossible de fléchir ce cœur à triple enveloppe de bronze qui, je le crois, n'a jamais eu plus de précipitation dans ses battements, qu'on en trouve naturellement à l'état de calme le plus parfait ; non ; pas une fibre de son visage qui s'émeuve ; pas un éclair de sensibilité dans les yeux ; marbre, marbre toujours.

Et en ce disant, Aymé marchait à grands pas dans sa chambre, sans se soucier des bruyants craquements que le plancher faisait entendre sous la pression accélérée de ses pieds.

— Vous l'avez vue ce soir.

— Je l'ai vue ; elle est souffrante, mais elle n'a point parlé.

— De sorte, que vous ne savez point si elle a pu employer son ascendant sur l'esprit de messire de Lorris, afin qu'il vous soit favorable dans l'affaire de votre.....

— Assez, assez, n'achève pas ; ne prononce pas devant moi ni en cette soirée ce mot fatal que j'exècre, si tu ne veux que je devienne fou ; ah ! qu'ils y prennent garde ; jusqu'ici j'ai marché en mouton soumis, mais il pourra bien me prendre fantaisie de me retourner lion, et de leur faire sentir la puissance de ma force et de mes griffes.

— Soyez prudent messire ; hélas ! il faut parfois courber la tête malgré soi, sous la fatale influence de sa destinée à laquelle les imprécations et les colères les plus furieuses ne changent rien.

— Ma destinée me brisera ou je la briserai ; il n'y aura point de milieu, point de choix mitigé ; ce sera l'un ou l'autre, et malheur ! à qui voudra se placer en ennemi sur mon passage.

— Messire, objecta timidement le dévoué varlet de pied ; et le testament de monsieur votre père, l'avez-vous oublié ? ne vous souvient il plus de cette clause qui vous déshérite à jamais, si....

— Ah ! maudit soit le jour où cette pensée ridicule a pu prendre racine parmi les gens de notre caste, et insensé, celui qui a pu croire qu'entre l'or, les titres et les honneurs ou le bonheur de toute ma vie, j'aurais un moment d'hésitation pour décider de mon choix ; périssent ces titres, cet or et cet hôtel, plutôt que je renonce à ce que j'ai décidé ; quoi, le dernier des bourgeois serait libre dans son choix, libre de se créer un bonheur comme il l'entend, et je ne le serais point moi Aymé Carondelet, fils d'un chancelier de l'empereur ; ah ! palsambleu ! ce serait plaisant ; mieux vaudrait alors, que je fusse le fils d'un porcher.

Et Aymé Carondelet frappa violemment du poing sur une petite table auprès de laquelle il se trouvait.

— Calmez-vous, calmez-vous messire

Aymé ; ne cessait de répéter Claude ; allons, je vais me vêtir, m'armer, et vous accompagner ; l'air vous fera du bien.

— Oui, va ; répliqua sèchement Aymé ; va, et viens me rejoindre ici ; surtout, sois prompt, et tâche de ne pas trop exercer ma patience par ta lenteur habituelle.

Claude sortit, et le jeune homme resté seul, continua son monologue.

— Toute indécision doit cesser maintenant ; je veux savoir quel est le sort qui m'est réservé ; je veux tenter l'avenir et le faire parler ; nul doute, qu'Eva ne me cache quelque chose ; oui, elle possède un secret qu'elle a intérêt à me tenir caché ; elle n'a point parlé à la personne dont l'intervention aurait pu m'être favorable, et pourquoi ? voilà ce que je ne saurais dire ; le cœur de mademoiselle de Leurandex est un mystère, ou plutôt, c'est un cœur de chair, qui vit et bat dans le sein d'une belle statue de marbre ; ses émotions ne se traduisent jamais au dehors ; la statue reste étrangère au cœur, comme le cœur l'est à la statue ; et cependant, cette étrange créature vit, sent, et on devine en elle la compréhension exquise de l'amour dévoué.

Oh ! s'il en était ainsi ; si je pouvais espérer qu'un jour si éloigné qu'il puisse être, je verrais enfin mes vœux se réaliser....

— Je suis prêt, messire, dit Claude en

entrant, et interrompant ainsi brusquement le monologue de son maître.

— Eh ! bien partons donc ; répliqua Aymé en passant une dague dans le ceinturon de sa rapière, jetant un manteau sur ses épaules, et se dirigeant vers l'escalier.

— Où allons-nous, ou plutôt, où vous suivrai-je ? demanda le varlet.

— Où nous allons, répondit Aymé ; nous nous rendons de ce pas, chez le diable en personne ; ainsi, réfléchis à ce voyage, et vois, si tu es d'humeur à m'y accompagner.

— Je ne crains que Dieu, répliqua Claude en se signant ; quant au reste, je m'en soucie comme d'un os abandonné par un chien gâleux ; marchez donc en avant, et je vous suivrai.

— En route donc, et pressons-nous, afin d'arriver à temps.

Et les deux hommes quittant la chambre et l'hôtel, s'engagèrent au bout de quelques minutes dans l'étroite et ténébreuse ruelle nommée rue de la Bière, encore toute encombrée de débris de murailles abattues et noircies par le feu.

Arrivés à l'extrémité, ils tournèrent brusquement à gauche, et disparurent dans une allée tortueuse et obscure.

Claude ouvrit alors la lanterne et à la lueur rougeâtre qu'elle projetait, il distingua un misérable escalier de bois qui semblait descendre dans le sol.

— Où donc allons-nous ? demanda Claude, qui commençait à s'inquiéter au sujet de cette promenade nocturne dont il ne pouvait deviner ni la cause, ni le but.

— Je te l'ai déjà dit ; répondit Aymé sans interrompre sa marche ; nous allons chez le diable ; que cela te suffise, car il s'a-git actuellement de retenir ta langue.

Le vieux domestique hocha la tête, et con-tinua à descendre à la suite de son maître qu'il éclairait de son mieux.

Arrivés au bas de l'escalier, ils entendirent un bruit sourd et monotone qui se répétait à des intervalles égaux et réguliers.

— Ecoutez ! murmura Claude en s'arrê-tant brusquement et retenant son haleine.

— Sôt que tu es ! répondit à voix basse Aymé ; n'entends-tu pas que ce sont les flots du canal qui clapotent contre la muraille qui se trouve en face de nous ; pour un ancien défenseur de la ville, je te trouve diantre-ment poltron.

— Messire, répondit d'un ton de reproche le domestique ; menez-moi à l'attaque d'une courtine, ou droit à l'encontre des ennemis, et je vous suivrai joyeusement ne fussions-nous que deux contre cent ; mais venir bra-ver de sang-froid un danger mystérieux et inconnu qui circule invisiblement autour de vous, sans qu'on sache ni quand, ni comment on sera frappé et sans qu'on aie d'armes va-

lables à lui opposer, voyez-vous, ce n'est pas
de la bravoure ; c'est de la témérité, de la
folie, et pour ma part.......

— Entrez ! cria une voix aigre et discor-
dante qui semblait partir de derrière une
cloison de chêne, à la porte de laquelle Aymé
Carondelet venait de frapper sans se soucier
des jérémiades de son vieux valet de chambre
qui, sentant que toute observation était inutile, se résigna et courba piteusement la
tête.

Aymé souleva le loquet, poussa la porte et
entra.

Claude le suivit également, non sans avoir
fait pieusement le signe de la croix, avant de
pénétrer dans cet antre diabolique.

Le lieu où ils se trouvaient alors, était une
salle basse et carrée, dont le plafond enfumé
était soutenu par quatre piliers de bois gros-
sièrement équarris.

A l'une des extrémités et au-dessous d'une
lampe de cuivre à trois becs suspendue à
une des solives, était une table chargée de
cartes, de tarots, et d'instruments de formes
bizarres.

Sur un siége élevé, était assis à ladite
table un homme qui n'avait plus d'âge, tant
son visage était chargé de rides.

Il était vêtu d'une longue et sale robe noire,
serrée à la taille par une ceinture de cuir,
et un espèce de bonnet fourré lui recouvrait
la tête.

Des dames, le visage recouvert d'un loup (1) et quelques inconnus de haut parage, étaient assis dans l'ombre d'un des recoins de la salle, que deux étroites croisées à vitraux losangés qui donnaient accès sur le canal, devaient suffire à peine à éclairer pendant le jour.

— Que veux-tu de moi? demanda le vieillard à Aymé.

— Te consulter sur l'avenir; répondit Carondelet d'une voix ferme et résolue.

— Avance donc, et montre-moi ta main gauche.

— Qu'as-tu besoin de ma main, puisque l'on dit que tu sais lire dans l'avenir?

— Ah! jeune coq, tu as le chant bien haut; douterais-tu de ma science?

— Tu changes les rôles; répondit Aymé d'un ton de raillerie; c'est à toi à répondre et à moi d'interroger.

— Je te le répète; toute la science de la destinée est dans la main et dans la conjonction de certains astres; soumets donc ta vaine raison, si tu veux que je te réponde.

Messire Carondelet sourit amèrement, et présenta sa main gauche au devin.

Celui-ci s'en empara, et en examina attentivement les lignes à la lueur de la lampe.

Après une ou deux minutes d'attention, il la lâcha brusquement, poussa une sourde

(1) Demi-masque en velours noir.

exclamation, et regarda en face le jeune homme.

— Eh! bien, grâve magister; qu'as-tu donc vu de si curieux que tu me regardes d'un air de stupéfaction?

— Ce que j'ai vu, jeune homme; j'ai vu ce que nulle main humaine ne m'a encore présenté; et cela est si étrange, que bien que ma science ne m'ait jamais trompé, je ne puis encore y croire.

Voyons une autre combinaison.

— Quel est ton âge?

— Trente ans environ.

— Bien. Et ayant pris autant de cartes du tarot, il les rangea dans un certain ordre.

— Dans quel mois est tu né?

— Dans le mois de juin.

Et le vieux nécromancien ajouta six cartes de plus à celles déjà arrangées sur la table, puis les prenant à deux mains, il leur fit subir rapidement et à trois reprises différentes, les plus étranges permutations.

Enfin, il se leva en secouant la tête, alla ouvrir une des croisées, et examina attentivement le ciel dans la direction de l'est et du sud.

Au bout de quelques minutes il revint à sa place, et griffonna sur du papier de mystérieux hyérogliphes.

— Folies, niaiseries bonnes tout au plus à amuser les sôts; murmurait tout bas

Aymé; j'ai été un fou, en venant consulter cet homme tant vanté.

— C'est étrange! clama tout haut le vieillard; toujours le même résultat.

— Eh! bien, docte des doctes; qu'as tu vu, et que dois tu m'apprendre; je crois que cette pièce d'or que je te donne, sera merveilleusement utile pour te rafraîchir la mémoire.

Et en disant ce, il posa un sou d'or sur la table.

— Approche, murmura le vieillard, car ce que j'ai à te dévoiler ne doit être connu que de toi.

Ta destinée sera des plus étranges; deux femmes t'aiment, et ton cœur ne bat qu'au nom d'une seule de ces deux femmes; deux femmes t'aiment, et tu mourras seul, sur une terre étrangère sans donner ton nom à l'une de ces deux créatures, et sans avoir jamais connu le bonheur d'être aimé.

Messire Carondelet chancela, et sentit à cette déclaration une sueur froide inonder son visage.

— Achève! murmura-t-il d'une voix que l'émotion rendait tremblante; je dois tout savoir.

— Tu le veux; eh! bien, arme toi de courage; ta volonté va être exécutée.

L'une de ces femmes, celle que tu n'aimes point et avec laquelle on doit t'unir, est d'une haute et puissante famille : elle t'aime comme l'enfant aime un bon fruit, ou comme un cavalier aime un beau cheval ; elle t'aime pour elle, et surtout pour ton immense fortune dont elle a besoin pour rétablir la sienne et briller dans le monde ; celle là, c'est la coquette sans cœur, qui te regrettera comme elle regretterait un de ses bijoux qu'elle aurait perdu.

L'autre, celle que tu aimes, est le dévouement personnifié et le devoir incarné ; elle aime pour aimer ; elle aime secrètement et saintement ; dans toute ta vie, quelque longue qu'elle puisse être, tu ne rencontreras jamais une perle aussi précieuse et aussi rare ; un cœur aussi bon et aussi aimant ; cependant, jamais cette femme ne portera ton nom ; tu mourras seul, désespéré et sans postérité, sur une terre lointaine et étrangère.

— Ah ! tu mens ! tu mens ! s'écria Aymé hors de lui, en frappant du pied.

— Non, je ne mens pas ; cette femme, dévouée et aimante peut avoir eu un ancien amour....

— Ne blasphème pas ! s'écria Carondelet qui sentait le serpent de la jalousie le mordre au cœur.

— Je ne blasphème point, jeune homme ; qui te dit, qu'il ne reste pas chez cette jeune fille le vague ou vif souvenir d'une affection d'autrefois, et que ce souvenir n'est pas un obstacle pour toi ?... Elle est de celles qui ne donnent pas deux fois leur cœur ; il te reste donc peu d'espoir ; d'ailleurs, il faut que ta destinée s'accomplisse.

— Il me reste peu d'espoir dis-tu ; je puis donc espérer ? parle, et je te donnerai plus d'or que tu n'en a vu dans tout le cours de ta misérable vie.

— Une seule chance de réussir te reste ; cettechance est obscure et éloignée, mais elle peut t'ouvrir le chemin du bonheur auquel tu aspires ; prends patience et espère.

— J'espérerai ; cinq, dix, quinze ans s'il le faut, ne seront pour moi qu'une heure, si je dois toucher au bût au bout de ce temps.

— Espère donc, quoique je te le répète, je crains que ta destinée n'ait son entier accomplissement.

Ecoute, reprit Carondelet en saisissant frénétiquement la main osseuse du cartomancien dans la sienne, et la lui serrant à le faire crier ; si tu m'as trompé, si par je ne sais quels moyens, tu as pu te procurer des renseignements qui t'ont mis à même de me présenter quelques vérités entrevues par moi à travers un voile ténébreux, je jure, foi de gentilhomme, que je te ferai pendre sans miséricorde aux fourches pâtibulaires de la ville.

— Insensé ! répliqua amèrement le pauvre

astrologue; crois tu me rendre responsable de ce qui a été décrété par une puissance plus grande que ton pouvoir et le mien ; puis-je empêcher que ce qui doit arriver ait son exécution pleine et entière ; qui peut dire aux vagues de l'océan , vous n'irez pas plus loin, sinon celui qui leur a tracé leur limite ?

— Aussi, n'est-ce point cela que je veux discuter ; tu m'as dit qu'une seule chance de réussir me restait, or, cette chance je veux la connaître ; fixe toi-même le prix que tu mets à cette confidence, car je ne sortirai point d'ici, sans être renseigné à ce sujet ; tiens, prends cet or, mais parles, car, par le nom de mon père, je ne réponds plus de ce que je ferai si tu gardes le silence.

— Je me ris de tes menaces , jeune homme ; et si je te donnes l'explication de ce que tu demandes, c'est que j'ai pitié de ton désespoir. Ecoute donc ; la seule chance qui te reste, c'est de t'assurer si cette jeune fille t'aime, car, si cela est, tu pourras attendre et faire face aux évènements ; le cœur est la plus noble partie du corps et qui a le cœur a tout.

Cette certitude sera pour toi une consolation qui te fera supporter bien des peines ; et puis, le temps est le grand modificateur de bien des évènements ; ce qui ne peut se faire aujourd'hui, ne souffre souvent plus tard aucune difficulté ; en un mot, prends pour devise ! *Espérance !* qui sait...

— Je comprends, interrompit Carondelet ; c'est la patïence et la résignation que tu me prêches ; il n'est pas besoin d'être sorcier pour cela ; cependant ton conseil est bon ; je le suivrai.

Pendant ce dialogue dans lequel le jeune homme n'avait gardé nul ménagement et parlé à voix constamment haute, Claude le vieux domestiqne, qui était resté en arrière près du groupe des inconnus qui attendaient, avait remarqué qu'une des dames masquées avait tressailli souvent, et qu'elle portait son mouchoir à sa bouche comme pour étouffer des cris sourds, annonçant une colère concentrée qu'elle tenait à ne pas laisser apercevoir.

En vain, Claude chercha à saisir quelques traits du bas du visage que le loup de velours laissait presque à découvert ; la lueur de la lampe était trop pâle et trop peu intense, pour qu'il pût y réussir.

Carondelet que rien ne retenait plus, se dirigea vers la porte de sortie, et fit signe à son varlet de le suivre.

Comme ce dernier la refermait, il pût entendre murmurer : — Je me vengerai ! Mais pressé d'éclairer son maître, il ne put s'assurer si c'était cette même dame masquée ou une autre, qui avait laissé échapper cette exclamation.

Carondelet suivi de Claude, reprit avec les mêmes précautions le chemin de sa chambre et se jeta tout habillé sur son lit, bien qu'il sut qu'il lui serait impossible de dormir tant il était préoccupé par l'idée fixe qui assaillait son cerveau.

A peine le gentilhomme était-il sorti de chez le devin, que l'une des dames masquées qui était venue également tenter le destin, s'approcha du nécromancien.

— J'ai entendu une grande partie de ce que tu as prédit à cet homme, lui dit-elle ; or, sache bien ceci ; il faut qu'il oublie cette jeune fille ; il faut qu'il m'épouse ; le jour où par tes soins ce mariage aura lieu, ce jour là, je te ferai compter deux cents écus d'or à la rose ; que te semble de ce marché ?

— Femme, répliqua aigrement le sorcier ; pense tu que ton or puisse changer des arrêts immuables ; crois tu également, que l'argent soit le mobile de mon art mystérieux ? non, non ; je suis amant de la science ; je l'aime pour elle-même, et non pour ce quelle peut me rapporter. De l'or, toujours de l'or ; eh ! que m'importe ; ne puis-je pas en faire quand bon me semblera ; n'ai-je pas sous la main le célèbre traité des *arcanes de la terre*, dans lequel est détaillé mot à mot, le moyen de le produire ; non, non ; ce qui doit arriver arrivera comme je l'ai prédit ; périsse l'or plutôt que la science.

— Tu n'es donc point ambitieux ?

— Non.

— Tu ne veux donc point servir mes projets ?

— Tes projets n'aboutiront à rien ; je te l'ai déjà dit.

— Ecoute, reprit à voix basse la dame masquée ; cet homme qui vient de sortir, je l'aime vois-tu, comme l'avare aime son trésor et la lionne ses lionceaux ; si je ne l'épouse, il ne sera jamais à personne.

— Et en cela, femme, tu prédis juste ; cet homme ne sera jamais à personne ; cet homme verra toutes ses joies s'éteindre sur une tombe, et il restera isolé, n'ayant en face de lui que le spectre de sa triste jeunesse, comme toi qui viens ici me trouver sous le masque, tes illusions et tes joies viendront se briser contre les murailles d'un cloître.

Regarde, continua-t-il en lui prenant la main ; regarde cette ligne qui partant de la racine de l'indicateur, vient en se brisant doublement, expirer à la base de l'éminence du pouce ; elle indique que tu seras blessée deux fois à mort dans tes affections.

Maintenant, que ton œil veuille bien suivre les capricieux méandres qui partent de la ligne de vie que voici ; sais-tu, ce qu'ils signifient ? ils sont pour moi la preuve certaine, qu'un grand deuil passera sur ton âme, et qu'une prison perpétuelle mettra fin à ton existence qui sera courte en ce monde.

Femme, qui frappe de l'épée, périra par
l'épée; l'ambition qui te pousse en avant,
sera la cause de ta perte; maintenant, je n'ai
plus rien à te dire ; tâche de mettre à profit
ta visite de ce soir.

— La leçon a du t'être bien faite; n'est-
il pas vrai, maître sorcier ? n'est-il pas vrai,
que l'or de messire Carondelet, exerce une
puissance magique plus forte que. la tienne,
puisqu'il a triomphé de toi ? ah ! tu crois me
jouer, ah ! vous vous êtes ligués tous deux,
contre une faible et malheureuse femme ;
eh ! bien, guerre donc ! je ramasse le gant
et réclame la lutte ; malheur ! à ceux qui
l'ont provoquée.

Et suffoquée par la colère, l'inconnue
tomba quasi évanouie sur un siége qui se
trouvait derrière elle.

Le nécromancien eût un sourire étrange ;
il se leva, prit un petit flacon de verre qui
était renfermé dans un placard situé derrière
lui, le déboucha, et le plaça pendant une
minute sous les narines de l'inconnue, sans
déranger le loup de velours qui dérobait ses
traits.

Cela fait, il le replaça où il l'avait pris,
referma avec soin la porte du placard cons-
truit dans l'épaisseur de la muraille, puis,
sans se soucier si l'étrangère avait ou non,
repris ses sens, il se dirigea vers l'extrémité de la salle où se tenaient trois autres

personnes désireuses de consulter également l'avenir.

— La dame ci-présente a été très impressionnée d'une nouvelle que je lui ai apprise et désire être seule avec moi ; veuillez donc s'il vous vous plait, nous laisser ensemble ; vous reviendrez demain.

Soit que l'ennui commençat à les gagner, soit que les paroles du devin eussent achevé de les décider, les trois curieux se retirèrent, laissant le vieillard seul avec l'inconnue.

Quand il fut certain qu'ils étaient bien partis, le nécromancien avec une force qu'on n'aurait pas soupçonné en lui, prit la dame dans ses bras, et sans qu'elle fit un mouvement, il la transporta jusqu'à l'entrée d'un corridor donnant sur le canal, la plaça dans une barque, et la déposa sur l'autre rive dans un endroit parsemé de broussailles et de décombres, qu'occupe aujourd'hui l'emplacement du port de la ville.

Cette expédition faite, il repassa le canal, amarra la barque, et rentra dans son logis.

— Dans une heure elle reprendra ses sens, murmura-t-il ; mais la dose a été assez forte pour lui oter tout souvenir de ce qui s'est passé ici.

Le lendemain des évènements que nous venons de raconter, et comme Aymé Carondelet qui venait de se lever se disposait à sortir, un domestique vient le prévenir que messire Claude Carondelet son oncle et tuteur, désirait l'entretenir quelques instants.

Le jeune homme fit un brusque mouvement qui décelait la vive contrariété que cette nouvelle lui faisait éprouver ; mais malgré ce, il chargea le valet d'aller prévenir son oncle qu'il allait se rendre à son invitation.

Messire Claude Carondelet avec lequel nous allons faire connaissance, avait comme nous l'avons déjà dit, rempli les fonctions d'ambassadeur près la cour de Londres.

Aussi , avait-il rapporté de ce pays ce flegme sec et glacial, cette parole brève et incisive, qui caractérisent si bien les enfants de l'astucieuse Albion.

Cet homme de haute taille , était une énigme vivante , tant sa figure impassible restait étrangère à tout ce qui pouvait se passer de tumultueux dans son âme.

Raide, compassé dans ses mouvements, excessivement sévère, sur ce qu'il appelait le point d'honneur et surtout, excessivement orgueilleux du nom de la famille qu'il avait alors l'honneur de représenter, on pressentait en le voyant, qu'il était pour ainsi dire impossible d'émouvoir ou faire déroger de sa manière de voir, cet homme à l'âme de bronze.

Aussi, quand Aymé se présenta devant sa personne, il lui sembla que le froid qu'il ré-

pandait autour de lui l'envahissait également, et pénétrait jusqu'à son cœur.

— Veuillez vous asseoir, monsieur mon
neveu, lui dit poliment son oncle en dési-
gnant un siége qui se trouvait en face de
lui ; je désirerais avoir un court entretien
avec vous, et je pense qu'en ce moment, rien
ne s'oppose à ce qu'il ait lieu.

— Je vous écoute, messire mon oncle ;
répondit Aymé en s'asseyant, et j'attends
qu'il vous plaise de me communiquer ce que
vous pouvez avoir à me dire.

— Je vous remercie de votre bon vouloir ;
je vais donc immédiatement et sans aucun
préambule, entrer en matière.

La mort de mon frère qui était votre père,
m'a naturellement rendu votre tuteur et
jusqu'ici, j'ai toujours tenu vos intérêts et
rempli intégralement le mandat qui m'avait
été confié.

Tant que vos actes n'ont regardé que vous
personnellement, j'ai fermé les yeux ou feint
d'ignorer ; mais du moment où ces actes ont
pu influencer sur la famille et sur l'illustre
nom qu'elle a eu la mission de faire honorer
et respecter, le silence ne m'a plus été possible, et c'est pour cela que je vous ai fait
mander.

— Je ne sais où vous voulez en venir,
monsieur mon oncle ; interrompit Aymé, en
fronçant le sourcil.

— Vous le savez parfaitement, messire mon neveu ; reprit Claude Carondelet en dardant les regards perçants de ses yeux vitreux sur ceux d'Aymé , comme s'il eut voulu descendre jusqu'au fond de sa conscience ; il est inutile de feindre entre nous, et vous devez être convaincu qu'il ne peut s'agir ici, que de mademoiselle Éva de Leurandex.

Aymé ne put retenir un soubresaut nerveux, qui fut parfaitement aperçu de son oncle.

— Quel rapport, ou plutôt quelle conclusion voulez-vous tirer de l'honneur que me fait mademoiselle de Leurandex, en voulant bien m'admettre dans son intimité ? demanda le neveu d'un ton de voix bref, où tremblait une colère mal contenue.

— La conclusion que je veux en tirer, messire Aymé, est que, quand le chef d'une famille demeure chargé de la conservation de son honneur, il doit par tous les moyens possibles arriver à ce but. Or, sachez le bien, monsieur, je vous déclare que moi vivant, je ne souffrirai jamais qu'une telle alliance puisse avoir lieu , et je vous adjure de cesser dès aujourd'hui, votre liaison et vos visites à cette personne, qui ne peut et ne saurait convenir à un homme de votre nom.

— Messire mon oncle, reprit avec dignité Aymé qui se leva du siége qu'il occupait ;

messire mon oncle, vous m'expliquerez le fond de votre pensée en ce qui concerne mademoiselle de Leurandex, car je ne sortirai point d'ici sans avoir reçu cette explication.

— Est-ce un ordre ou une demande que vous formulez là, messire mon neveu ? demanda Claude Carondelet, d'un ton bref et saccadé.

— Ce sera ce que vous voudrez, monsieur; répondit Aymé qui se sentait bondir d'indignation ; seulement, je vous préviens que nul degré de parenté quel qu'il soit, ne me permettra de tolérer une insulte envers une femme du nom et de la conduite de mademoiselle de Leurandex, et si ce n'est que pour me rendre témoins de l'espèce de mépris que vous semblez avoir pour elle que vous m'avez fait demander, il vaut beaucoup mieux que nous en restassions là ; veuillez donc permettre que je me retire.

— Vous resterez monsieur, reprit l'oncle dont le visage devint d'un blanc mat; vous entendrez jusqu'au bout, ce que j'ai à vous dire.

Sachez donc, que jamais ni moi ni les miens, ne souffriront que le nom des Carondelet ne s'allie à je ne sais quel nom venu on ne sait d'où, et porté par je ne sais qui.

— Remerciez Dieu, monsieur, de ce que vous êtes le frère de mon père; dit Aymé en s'avançant vers son oncle l'œil courroucé et le visage en feu; sans ce titre, je vous aurais souffleté et craché à la face; ah! voilà donc le fond de votre pensée et le but de votre entrevue; eh! bien, monsieur, tout ambassadeur que vous avez été et tout diplomate que vous êtes, vous échouerez dans votre entreprise, c'est moi qui vous l'affirme; périsse plutôt cent fois, et le nom et le blason de notre maison, que de renoncer à mon projet; tenez vous le pour dit, messire mon oncle; j'épouserai mademoiselle de Leurandex envers et contre tous; c'est là mon dernier mot.

— Eh! bien, monsieur, puisque tel est est votre dernier mot, vous ne serez pas étonné que voulant absolument arriver à mon but, je prenne pour cela et de concert avec d'autres, les mesures que je jugerai propres à assurer la réussite de mon projet; vous pouvez maintenant vous retirer.

— C'est la guerre que vous voulez monsieur; répliqua Aymé qui ne se connaissait plus; eh! bien, guerre soit; nous verrons à qui restera la victoire.

Puis il salua et sortit.

Ainsi que l'avait désiré mademoiselle de Leurandex, le prieur des révérends Pères Cordeliers de Dole se présenta chez elle, et fut immédiatement introduit.

Mademoiselle Eva se leva gracieusement à son approche, lui avança un siége, et prit place ses côtés.

Après un silence de quelques minutes, le révérend Père se décida à prendre la parole.

— Pourrais-je demander à mademoiselle de Leurandex, les motifs pour lesquels elle m'a fait prier de passer chez elle ?

— Révérend Père, ce sont choses grâves dont j'ai à vous entretenir, et j'aurai sans doute grand besoin de vos conseils et de vos lumières ; seulement, veuillez garder ce que je vais vous confier, comme un secret de confession.

— Parlez ma fille ; je vous écoute.

— Je n'ai pas besoin de vous dire qu'étant orpheline, je fus élevée par une bonne tante qui, en mourant, me légua le bien qu'elle possédait : cette fortune peu considérable que l'on pourrait nommer à bon droit une honnête médiocrité, suffit à mes goûts simples et peu dispendieux.

Bien des années se passèrent pendant lesquelles je vécus ignorée et pour ainsi dire inconnue, lorsqu'un incident imprévu, me mit en rapport avec messire Aymé Carondelet.

Ici mademoiselle de Leurandex fit une pose, puis reprit :

Franc et ouvert, d'une imagination exaltée et féconde, sa conversation dans l'intimité n'était pas sans agrément, et j'y trouvais du plaisir par ce qu'elle rompait la monotonie de ma solitude.

Peu à peu, une certaine familiarité de bon ton s'établit entre nous, et au bout de quelque temps, il nous semblait avoir toujours été amis, bien que nous ne nous connussions que depuis cinq à six mois.

Naturellement défiante, je me suis toujours tenue sur la réserve, refoulant ce que les sentiments que j'éprouvais pouvaient avoir de trop vif, et fermant mon cœur à toute émotion, comme on ferme un livre dont on veut dérober aux yeux le contenu ; par ce moyen, j'ai toujours paruc froide et très réservée à son égard, sans cependant être sèche ou revèche.

— Vous avez bien fait ma fille; répondit le prieur.

— Et cependant mon père, j'aime saintement ce jeune homme ; je l'aime, comme on doit aimer un frère ; comme on doit aimer celui à qui on ne sera peut-être jamais uni en cette vie, que par un lien de douce et bonne amitié, à moins d'évènements qu'il n'est pas en notre pouvoir de prévoir ou de faire surgir de l'avenir.

— Ce que vous me dites mon enfant, n'a rien jusqu'ici, que de très louable et très naturel ; un noble but sanctifie souvent des choses qui sans cela, pourraient être plus ou moins blàmables.

— J'ai su pertinemment depuis peu, que la famille et entre autres, le tuteur do messire

Aymé Carondelet, s'opposait de toutes ses forces au désir formellement exprimé par le jeune homme de m'épouser, et qu'on me supposait assez d'empire sur l'esprit de messire Aymé, pour le pousser malgré tout, à me donner son nom.

— Votre vertu, votre abnégation, et les nobles qualités de votre âme, peuvent compenser le nom le plus illustre, et je ne suppose pas que le chef des Carondelet croie se mésaillier, en vous accordant la main de son neveu.

— Voilà justement ce à quoi, je ne consentirai jamais; non mon père; tout heureuse que j'aurais pu être en épousant messire Aymé que je crois bon, très bon, j'ai trop d'orgueil pour entrer en intrus ou plutôt en aventurière, dans une famille où je serais mal vue et humiliée à chaque instant; si messire Carondelet avait été libre dans son choix et pauvre comme je la suis moi-même, je l'aurais épousé avec joie, car il m'aime fortement, et il n'est pas une de ces âmes qui oublient; quand on aime ainsi, on n'aime qu'une fois, et je suis sûre que je puis m'appuyer sans crainte sur son amitié; mais du moment où son choix soulève un tel orage, du moment où je serais la cause première et innocente d'une brouille entre famille et peut-être, celle de faits plus graves encore, je resterai froide et calme en sa présence ; j'envelopperai mon cœur d'un triple airain, et si cette contrainte fait gémir la chair, j'aurai du moins évité de confirmer l'oncle dans l'idée que je suis une ambitieuse qui vise à s'approprier une fortune et un nom.

Or donc, mon père ; vous qui avez été depuis si longtemps mon directeur spirituel et qui l'êtes encore, veuillez me rendre le service que je vais vous demander.

— Parlez, ma fille ; s'il est en mon pouvoir de le faire, ce sera avec plaisir que je vous obligerai.

— Allez donc trouver en mon nom et de ma part messire Claude Carondelet, et dites lui , que jamais mademoiselle de Leurandex n'acceptera contre son gré, la main et le nom de son neveu ; dites, que n'ayant nul sujet de rompre avec lui, vu qu'il a toujours été bon, honnête et plein de courtoisie pour moi, je ne serai pour lui qu'une amie sincère et une sœur dévouée, qui ne désire que de le voir un peu plus heureux qu'il ne le paraît en ce monde auquel elle a renoncé depuis longtemps ; dites-lui cela mon père ; dites lui aussi, que jamais ma bouche ne trahira mon cœur , et que la parole d'une Leurandex, vaut celle d'un Carondelet.

Et en ce disant, la pauvre Eva ne put retenir quelques larmes qu'elle essayait vainement de dérober aux regards du prieur.

— Que Dieu vous assiste et vous protège mon enfant ; répondit le vieux prêtre en se levant ; car vous êtes une sainte et noble âme ; je ferai ce que vous désirez ; puisse la sainte Mère de Dieu, vous tenir compte de ce pénible sacrifice.

Puis il sortit en compagnie de la jeune fille qui l'accompagna jusqu'à la porte.

Restée seule, mademoiselle de Leurandex s'agenouilla convulsivement sur son prie-Dieu, puis, se couvrant le visage de ses mains, elle pria avec ferveur.

Si le lecteur veut se reporter à l'entretien du nécromancien avec la dame masquée, il se rappellera que ce dernier l'avait transportée de l'autre côté du canal et l'avait déposée dans un endroit inculte, sans se soucier de ce qui pouvait résulter de fâcheux pour celle qu'il abandonnait ainsi.

Au bout d'une heure environ, l'air frais de la nuit joint à la cessation de l'action du puissant narcotique dont il lui avait fait respirer les émanations, ne tardèrent pas à la ranimer et lui rendre l'usage de ses sens. Se soulevant sur le coude, elle poussa un cri de stupéfaction et sembla chercher à renouer le fil brisé de ses souvenirs.

Mais ce fut en vain qu'elle tortura son cerveau pour en faire sortir le mot de l'énigme ; ce fut en vain qu'elle chercha à s'expliquer pourquoi elle se trouvait seule et à cette heure, sur une berge déserte ; impossible de faire jaillir la moindre lueur qui pût l'éclairer sur la cause de ce fait qui lui paraissait tellement invraisemblable, qu'elle se crut le jouet d'un rêve, ou plutôt d'un cauchemar affreux.

Néanmoins, quand la réalité de sa situation lui parut bien établie ; quand elle fut parfaitement convaincue qu'elle était bien éveillée, il fallut bien se rendre à l'évidence.

L'idée d'un vol, d'un rapt, traversa son esprit, mais la présence de tous ses bijoux et la conscience parfaite de son être, vinrent encore mettre cette supposition à néant.

Une seule certitude prenait pied dans son esprit ; c'était qu'elle avait été jouée ; mais par qui et comment, c'était ce que l'âcre parfum de l'essence concentrée du *datura stramonium*, ne lui permettait pas de savoir.

Folle d'épouvante et furieuse au-delà de toute expression, elle s'élança dans la direction de la porte du pont dont elle venait de reconnaître au loin le fanal, afin de rentrer dans la ville.

Mais sur les ruines amoncelées des murailles détruites, la milice Doloise avait élevé une espèce de redoute construite à la hâte, redoute sous la voûte de laquelle il fallait passer pour rentrer dans la cité.

Or, sous cette voûte se tenait jour et nuit

un poste de douze hommes armés, et la porte qui fermait ce passage, ne pouvait s'ouvrir que par l'ordre du chef de milice qui se trouvait de garde.

Pendant un instant elle hésita entre le parti de se faire reconnaître, ou celui de se blottir dans un coin et d'y attendre le jour; mais le premier l'emporta, et marchant hardiment vers la porte de chêne massive, elle saisit la chaîne de fer qui pendait au dehors, et sonna.

Au bout de quelques minutes, un espèce de grognement se fit entendre derrière la porte, un judas s'ouvrit et à travers ses étroits barreaux, la lueur d'une lanterne de corne éclaira le visage à moitié endormi d'un des hommes de garde.

— Qui va là; que veut-on céans ? demanda-t-il brusquement.

— Ouvre à une femme attardée, répondit la dame au masque; et je te ferai oublier ton sommeil interrompu, au moyen d'un denier d'argent à la croix.

— Je vais aller prévenir le chef, reprit plus poliment le milicien qu'une telle aubaine avait subitement adouci; attendez un moment.

Le chef arriva un instant après, suivi de deux hommes du poste; la porte s'ouvrit, et la dame déclina son nom, ajoutant qu'étant allée se promener à cheval dans la campagne

son coursier s'était emporté, l'avait jetée
bas, et s'était enfui dans la forêt. — Alors,
ajouta-t-elle, force m'a été de revenir à pied,
et surprise par la nuit, je n'ai pu rentrer à
temps dans la ville.

Le chef se confondit en phrases de com-
misération et la fit accompagner jusqu'à sa
demeure par le soldat auquel elle avait donné
la pièce d'argent promise.

— Malheur ! à ceux qui m'ont jouée
ainsi si je parviens à les connaître ; murmura-t-elle en pénétrant dans sa demeure.

Claude Carondelet était occupé à compul-
ser divers comptes de famille en compagnie
de maître Pernot, tabellion juré et doyen
des notaires de la ville de Dole, quand un
domestique frappa discrètement à la porte
de l'appartement où ils se trouvaient.

— Que veut-on ? demanda d'un ton brusque Claude Carondelet, qui n'aimait pas à
être dérangé.

— Madame la marquise de Vercel demande à vous parler en particulier, et désire
être introduite de suite.

Au nom de Vercel, Claude Carondelet
avait tressailli et une ride de mécontente-
ment avait rapidement sillonné son front.

— Fais entrer ; avait répondu l'ex-ambassadeur. Puis s'adressant à maître Pernot :

— Nous reprendrons plus tard ce travail ;
je suis obligé de vous congédier.

Et se levant, il indiqua à l'homme de loi une porte de sortie directement opposée à celle par laquelle le domestique était venu annoncer la présence de la marquise au logis.

Resté seul, Claude Carondelet se plaça devant une glace, rajusta à la hâte les plis de sa fraise et ceux de son pourpoint ; composa son visage selon la circonstance, et se promena grave et pensif en attendant l'entrée de la dame en question.

— Que peut-elle me vouloir ? murmurait-il soucieusement.

La voix du valet annonçant madame la marquise de Vercel jointe au frôlement d'une robe de soie, vint couper court aux réflexions de l'oncle d'Aymé ; s'avançant gracieux et empressé, il baisa galamment la main de la dame, la conduisit dans un riche fauteuil dans lequel il la fit asseoir, et debout devant elle, attendit qu'elle voulut bien s'expliquer.

— Prenez un siége, messire ; comme j'ai à vous entretenir un peu longuement, cette position pourrait plus tard, devenir fatiguante.

Claude se mordit la lèvre de dépit, et s'assit auprès de la visiteuse sans oser lui demander quel était le sujet qui pouvait l'amener ainsi brusquement chez lui.

— Messire, reprit la marquise, en appuyant sur chacun des mots qu'elle prononçait; je suppose que vous n'avez pas oublié le quartier Cowent Garden's à Londres, ni la rue de Salisbury ?

Claude s'agitait sur son siège comme un accusé sur la sellette; il hésita un instant, puis il répondit lentement et en laissant tomber ses mots un à un :

— Pas que je sache, belle marquise; mais en vérité, je ne vois pas dans quel bût....

— J'y viendrai messire; j'y viendrai; il s'agit d'abord de me répondre catégoriquement; je vous préviens que je ne veux pas de réponses évasives, ou sinon....

— C'est-à-dire, répondit Claude en s'efforçant de rire, que vous faites en ce moment le siége de la citadelle de mes pensées, et qu'en termes militaires, vous me sommez de la rendre sans conditions.

— Vous vous trompez, messire; répondit la marquise de Vercel en jouant gracieusement avec un de ses gants; c'est avec conditions.

— Ah ! exclama Claude Carondelet; pourrait-on savoir alors, qu'elles sont les bases du traité car, si je ne me trompe, c'est un traité que vous désirez conclure en ce moment ?

— Vous l'avez dit, messire; et en vérité, j'admire votre perspicacité en ce moment.

Mais laissez-moi je vous prie, remonter à quelques années, et donnez moi votre parole de ne pas m'interrompre.

— Je vous l'accorde ; reprit l'ex-ambassadeur en poussant un profond soupir ; seulement, il est inutile de revenir sur certains faits qui, malheureusement.....

— Je n'ai point pour habitude de dire des inutilités, répliqua la marquise en jouant avec Carondelet comme le ferait un chat qui tiendrait une souris entre ses griffes ; vous voudrez donc bien m'écouter jusqu'au bout, d'autant mieux, qu'il est utile de bien vous remémorer votre position : cela d'ailleurs sera d'un grand poids pour vous décider à accepter ou non, le marché que je prétends vous proposer.

— Je vous écoute, madame ; répondit Claude Carondelet en cachant sa figure dans ses mains, et appuyant ses coudes sur ses genoux.

— Je commence donc ; veuillez ne pas m'interrompre, et me prêter toute votre attention.

— Un moment madame, reprit vivement Claude ; il est bon que nul ne puisse nous déranger.

Et saisissant le cordon d'une sonnette, il le tira violemment.

Un domestique se présenta ; c'était celui qui venait d'introduire la marquise.

— Je n'y suis pour personne ; commanda messire Carondelet.

— Bien ; répliqua le domestique en refermant la porte.

Quand l'ex-ambassadeur eut repris sa place, la marquise de Vercel toussa une ou deux fois, et s'apprêta à commencer son récit.

Mais avant, il est bon de la faire connaître au lecteur.

Cette femme pouvait avoir environ quarante ans ; elle était belle, mais le reflet de cette beauté était empreint d'un cachet d'astuce et de méchanceté, qui frappait tout d'abord les regards.

Son regard était dur ou doux, selon la nature de la passion qui dominait en elle.

Rancunière et jalouse, elle ne pardonnait jamais à qui l'avait offensée, et son orgueil était devenu proverbial.

Cette femme en un mot, subissait toutes les phases des passions qui grondaient en son sein, et si elle se trouvait presque sans fortune alors, elle le devait aux folles prodigalités qu'elle avait faites pour satisfaire tous ses goûts.

Venue on ne sait d'où, elle habitait depuis très peu de temps la Franche-Comté, et si elle s'y était créé des relations assez étendues, ces relations n'étaient entretenues que par la crainte qu'elle inspirait, car elle passait pour ce que l'on appelle de nos jours, une très mauvaise langue.

Où, et comment avait-elle connu Claude Carondelet, c'est ce que nul ne savait; mais on avait remarqué que la première visite qu'elle avait faite à son arrivée dans le pays, avait été pour lui.

La seule supposition qui se faisait sur son compte, était qu'elle cherchait à capter les bonnes grâces d'Aymé, et qu'elle n'eut pas été fàchée d'accepter sa main, ce à quoi elle visait sans doute.

D'autres, prétendaient que ses visites étaient pour l'oncle; mais je le répète, on en était réduit à des commentaires dénués de preuves.

— Messire, dit-elle à Claude Carondelet; puisque vous n'avez pas oublié la rue de Salisbury, il est probable que votre mémoire est demeurée fidèle au souvenir de Lady Harriet; n'est-il pas vrai?

— Madame, répondit-il sèchement; vous oubliez que vous êtes chez moi, et que je vous ai déjà priée plusieurs fois de ne pas toucher à cette page de mon passé.

— Cela est pourtant indispensable; je dirai même, tout à fait nécessaire.

— Enfin, madame, où voulez-vous en venir; jusqu'ici, vous n'avez répondu qu'é-vasivement à mes questions; aujourd'hui, je veux être fixé à cet égard; que voulez-vous?

— Eh ! monsieur, si au lieu de vous agiter ainsi que vous le faites, vous eussiez voulu m'écouter patiemment jusqu'au bout, vous auriez évité un péché d'impatience et un manque de courtoisie envers une femme de qualité ; il est utile je vous le répète, de revenir en arrière et bon gré malgré, monsieur l'ambassadeur, je vous amenerai sur ce terrain car il le faut ; il le faut ; entendez vous bien ?

— Lady Harriet a été plus généreuse que vous madame, cependant, elle seule, est intéressée dans cette question.

— Auriez-vous oublié monsieur, qu'elle est ma sœur ; si cela était, je vous prierais de vous le rappeler et en même temps, de bien vous persuader que je n'ai ni sa timidité, ni sa frêle enveloppe ; si elle s'est tue, je parlerai ; si elle a vécu ignorée sans chercher à améliorer sa destinée, moi j'agirai.

— Et que ferez-vous madame ? demanda hautement Claude Carondelet, qui venait de se lever de son siège.

— Je produirai au grand jour, un parchemin signé par vous, par elle et par le magistrat du quartier de Cowent-Garden's, et alors, nous verrons comment vous vous y prendrez pour échapper au déshonneur.

— Est-ce une menace que vous voulez me faire, madame ?

— Non monsieur ; c'est une proposition,

et vous ferez preuve de peu de tact, si elle n'est pas acceptée par vous.

— La partie n'est pas égale madame, car le choix que je puis faire sera forcé, et par conséquent, de nulle valeur.

— Je vous le répète encore une fois; vous serez parfaitement libre d'accepter ou de refuser; parfaitement libre de choisir entre l'estime ou la dégradation publique; Dieu me garde d'influencer en rien votre libre arbitre dans le cas qui nous occupe.

Claude Carondelet en proie à une violente colère qu'il s'efforçait de réprimer, se promena quelques minutes dans la pièce sans répondre; au bout de ce court laps de temps, il s'arrêta en face de la marquise puis se croisant les bras, il lui dit :

— Et sans doute, c'est de l'argent que vous voulez; c'est votre silence que vous venez me vendre?

— Mieux que cela, messire; je veux me marier.

— Parfait! s'écria Claude; je suis donc la victime sur laquelle vous avez jeté votre dévolu?

— J'ai meilleur goût; répliqua ironiquement la marquise; aussi, vous ai-je préféré votre neveu.

— Mon neveu! exclama l'ex-ambassadeur tout abasourdi par cette réplique.

— Cela vous contrarierait il ?

— Pas le moins du monde; cela m'étonne voilà tout.

— Je sais, que vous allez m'objecter son entêtement et son fol amour pour une fille sans famille et sans fortune qui, dit-on, a su s'emparer de son esprit en attendant qu'elle s'empare de son nom; une fille hautaine, qui se fait appeler je crois, mademoiselle de Leurandex.

— C'est cela même; se hâta de répondre l'oncle d'Aymé; vous connaissez donc cette liaison ?

— Je l'ai apprise par hasard; mais je ne la crois pas sérieuse.

— Voilà justement ce qui vous trompe; pas plus loin qu'avant-hier, j'ai eu une discussion des plus vives avec mon entêté neveu à ce sujet; il m'a déclaré qu'il ne renoncerait jamais à mademoiselle de Leurandex, qu'il l'épouserait quand même, et enfin pour être bref, il m'a déclaré guerre à outrance, lorsque je lui ai notifié que je ne consentirais jamais à cette union.

— Alors, vous ne l'approuvez point ?

— Bien certainement.

— Cela est pour le mieux; tenez, je vais aborder franchement et résolument la question dont nous nous sommes écartés tous deux; faites-moi épouser votre neveu; vous savez que par une ancienne ordonnance en bonne forme, les filles de notre maison transmettent leur titre à celui qu'elles épousent (1); hé! bien, je ferai de votre neveu un marquis; je me contenterai d'une faible partie de la fortune que vous gérez, laquelle me sera donnée en contrat comme cadeau de noces, en remplacement de joyaux auxquels je renonce de bon cœur, et en échange, je vous remettrai certain parchemin qui n'est autre qu'un contrat de mariage célébré secrètement sous un faux nom, entre une jeune veuve nommée Lady Harriet, habitant Londres, et un certain sir Willis, soi-disant écossais, qui n'est autre, que Claude Carondelet ici présent, lequel, au bout de huit jours de mariage a disparu clandestinement.

— Silence! murmura Claude, en attachant des regards effarés sur les portes de l'appartement.

— Ne craignez rien messire; répondit ironiquement la marquise; moi seule ici, connaît ce sir Willis; moi seule, peux mettre en rapport avec lui, et le prêtre qui l'a marié, et le magistrat qui a rédigé le contrat, et surtout, la victime de ce mariage frauduleux, car ma sœur existe encore messire; ma sœur m'avait confié le double de ce contrat, et j'avais promis de la venger en livrant à la justice l'auteur de cette infâmie.

(1) La famille de Valdahon à Dole, possède la même prérogative.

— Assez, assez ; s'écria sourdement Claude ; ne me poussez pas à bout, car.....

— Oh ! je ne vous crains pas, monsieur ; on sait que je suis ici, chez vous, dans votre maison, et l'on viendrait m'y réclamer ; ah ! vous faites des menaces à une femme, à la sœur de votre victime ; par ma mère ! je ne sais si je ne ferais pas mieux de mettre votre neveu au courant de votre histoire et à son tour, il pourrait vous forcer à donner votre consentement à son mariage avec mademoiselle de Leurandex ; qu'en dites vous, messire l'ex-ambassadeur, le projet n'est déjà pas si déraisonnable ?

— Finissons-en madame ; répondit avec impatience Carondelet ; mettons un terme à la ridicule comédie que nous jouons tous deux ; vous voulez la main de mon neveu, eh ! bien, je vous l'accorde en échange du parchemin que vous savez ; seulement, vous ferez en sorte de le décider à vous épouser, car quant à moi, je vous avoue que j'y renonce.

— Je m'en charge ; répondit la marquise d'un air sinistre ; seulement, préparez-le à cette alliance en l'avertissant que votre honneur en dépend ; suppliez, pleurez s'il le faut ; le péril que vous évitez en faisant ce, mérite bien la peine que vous vous donnerez ; quand vous aurez obtenu la victoire, la mienne sera bientôt remportée ; si vous échouez, moi je n'échouerai pas.

Maintenant que nous sommes d'accord , veuillez messire , m'offrir votre bras , et me reconduire jusque chez moi.

Claude Carondelet se pinça les lèvres, mais s'exécuta de bonne grâce; malgré ce, on eût dit le diable forcé par Dieu, à louer les saints.

Comme ils traversaient la cour, le valet d'Aymé qui était à une croisée se rejeta vivement en arrière, et dit à son maître qui était en ce moment occupé à écrire à mademoiselle de Leurandex.

— Messire, voilà j'en suis sûr, la dame masquée qui était chez le nécromancien; je l'ai reconnue au son de sa voix; elle donne le bras à votre oncle.

Mais Aymé ne répondit rien.

Les relations honnêtes et intimes qui s'établissent entre quelques âmes d'élite, sont pour ces âmes, comme des fleurs parfumées qui croissent sur les épines de la vie, ou comme un miel exquis, versé dans la coupe plus ou moins pleine de fiel que chacun de nous doit vider ici-bas.

II.

Dans une ruelle sombre, tortueuse et étroite, aboutissant d'une part dans la rue des Trois-Moulins, et de l'autre, dans celle de la rue St-Georges, on remarquait une maison à pignon pointu et étroit, dont la façade faisant légèrement saillie sur la rue, portait en lettres parfaitement peintes et alignées, l'inscription suivante :

Maître Thevenin, scribe public assermenté, transcript proprement actes, donnations, testaments et chartes.
Il escript également pour ceulx qui faire ne le peuvent, lettres et espitres galantes ou aultrement, le tout, aux taux fixés par le tarif de la bonne ville de Dole.

Ce maître Thevenin était connu d'une partie de la ville pour un homme habile et expert dans toutes sortes d'écritures ; mais un talent qu'il possédait et qui n'était connu que de quelques-uns des initiés aux secrets de son échoppe, c'était son art à contrefaire les écritures les plus inimitables, ce qui ne rapportait pas peu d'écus dans son escarcelle.

Il est vrai, que maître Thevenin jouait gros jeu en pratiquant secrètement cette coupable industrie; mais sa rapacité était plus forte que sa crainte, et puis, rien jusqu'alors n'avait transpiré; car ceux qui avaient recours à son talent, avaient autant intérêt que lui à cacher ses occultes méfaits, et pour ce, il jouissait pour ainsi dire d'une sorte d'impunité.

Or, quelques jours après l'entrevue de la marquise de Vercel avec Claude Carondelet, le maître scribe fermait soigneusement ses contre-vents bien qu'il ne fut que sept heures du soir, chose que nul de ses voisins ne lui avait vu faire encore.

Cette besogne terminée, il rentra dans la maison, en ferma soigneusement la porte, et se rendit au fond de son arrière-bureau, espèce de trou sombre et étroit, dans lequel semblait attendre une forme humaine enveloppée des pieds à la tête d'une espèce de mantille, et le visage couvert d'un loup de velours, sur lequel se rabattait un capuchon.

— Eh! bien, maître, dit une voix qui ressemblait à celle d'une femme; es-tu enfin disposé à écouter mes propositions; as-tu réfléchi à la promesse qui t'a été faite?

— Oui, répondit Thevenin; mais je veux être bien renseigné sur tout ce qu'on exige;

je veux en outre, avoir une garantie de n'être recherché en rien, si parfois.......

— Que peux-tu craindre ?

— Tout; d'abord, les chances ne sont pas égales ; vous me connaissez et je ne vous connais point.

— Celle qui vient à toi est assez discrète pour se taire, et assez puissante pour te protéger.

Maître Thevenin allongea son museau de fouine, ce qui était sa grimace habituelle lorsqu'il voulait exprimer un doute, puis il reprit :

— Vous disiez donc, qu'il me sera compté trois sols d'or lorsque les pièces auront été déposées entre vos mains ?

— Tu as la mémoire heureuse, répondit l'inconnue; c'est bien cela; eh ! bien, sont elles prêtes ?

— Donnant, donnant; repartit le scribe en tirant de son sein deux carrés d'un papier jaunâtre et grossier, pliés en forme de missives.

L'inconnue de son côté, fouilla dans une escarcelle suspendue à sa ceinture, et en tira trois piècettes d'or qu'elle posa sur une table de bois sur laquelle elle s'accoudait.

Maître Thevenin s'en empara avidemment, puis abandonna à la même place les papiers en échange.

La dame masquée les ouvrit précipitamment et en examina attentivement l'écriture à la lueur de la lampe de cuivre qui brûlait dans ce réduit.

Cet examen parut la satisfaire amplement, car elle ne put retenir une exclamation de surprise.

— Parfait ! parfait ! s'écria-t-elle ; l'œil le mieux exercé s'y tromperait.

— Pas si haut, madame ; murmura avec terreur l'écrivain public ; derrière ces murailles et ces cloisons, il y a des oreilles qui pourraient vous entendre.

— C'est vrai ; ainsi donc, je puis compter sur toi chaque fois que j'en aurai besoin ?

— Oui, moyennant le même salaire.

— C'est dit.

L'inconnue serra les papiers dans son escarcelle, se leva, et se mit en devoir de quitter la demeure du scribe.

Ce dernier la fit sortir secrètement, non sans s'être assuré auparavant que la ruelle était déserte.

— Voilà deux passions ; l'amour et la haine, qui me rapporteront de gros profits ; murmura maître Thevenin en rentrant dans son bouge ; il ne s'agira pour cela, que de savoir les exploiter habilement.

Et il referma soigneusement sa porte.

— Je les tiens tous deux ; pensait l'inconnue en regagnant en toute hâte son domicile ; il ne s'agit plus que de m'assurer plus fortement encore de la discrétion de cette servante; nous y aviserons.

Et ouvrant au moyen d'un passe-partout la porte d'une maison d'assez belle apparence, elle disparut dans les profondeurs d'un corridor qui conduisait sans doute à l'escalier desservant les appartements qu'elle occupait.

Arrivée dans un petit cabinet situé au premier étage, elle y trouva Julie la domestique de mademoiselle de Leurandex, qui sans doute, y attendait l'inconnue qui n'était autre, que la marquise de Vercel.

— Mon enfant, lui dit cette dernière, avec un sourire de bonté qui en eût imposé à satan lui-même; vous savez que j'ai promis de vous faire une position à condition que vous m'obéirez en tout ce que je vous ordonnerais; je tiendrai ma parole, en attendant, prenez cette pièce d'or que vous ajouterez à votre pécule qui doit être bien mince, car mademoiselle de Leurandex n'est pas riche, et vos gages doivent être peu de chose.

— C'est vrai, madame; répondit la servante en serrant la pièce d'or dans sa poche et poussant un profond soupir.

— Or, continua la marquise, je veux du bien à votre maîtresse, car elle m'intéresse énormément; voilà pourquoi je me mêle un peu de ses affaires sans qu'elle s'en doute, et

5

pourquoi je vous ai priée de m'aider en cette circonstance ; songez aussi que votre fortune dépendra de votre soumission et votre ponctualité à exécuter les ordres que je vous donnerai ; songez aussi, que vous m'avez promis le secret au sujet de nos relations ; si vous le trahissiez, vous vous exposeriez à être chassée par votre maîtresse et abandonnée par moi, ce qui compromettrait pour toujours votre avenir ; vous le comprenez bien, n'est-il pas vrai ?

— Oh ! oui, madame.

— Eh ! bien, continuez comme par le passé, à me communiquer les lettres que mademoiselle de Leurandex pourrait adresser à monsieur Aymé Carondelet, ainsi que celles qu'il pourrait lui écrire ; ce que je vous demande là, est pour leur bien à tous deux ; ils sont jeunes, inexpérimentés, et ne doutent de rien ; si je ne les gouvernais à leur insu, il pourrait arriver de grands malheurs ; messire Aymé dans un moment d'exaltation, pourrait compromettre mademoiselle de Leurandex, et cette dernière, pourrait également être la cause de désagréments pénibles qui arriveraient à messire Aymé, car vous savez bien que son oncle ne veut pas entendre parler de ce mariage, et qu'il existe une clause dans le testament du père du jeune Carondelet, qui le deshérite, s'il lui arrive de se mésallier.

Donc, en me communiquant leurs lettres avant que de les remettre à leur adresse, vous me mettrez à même de les diriger plus sagement dans leur entreprise, de leur éviter bien des folies ou des malheurs et en même temps que vous leur rendrez service, vous pourrez par ce moyen, amasser une petite somme assez ronde qui, dans les temps malheureux où nous sommes, pourra vous être utile.

— Vous avez raison madame, répondit Julie; je ferai comme par le passé, et vous pouvez compter sur ma discrétion.

— Bien, mon enfant; voici maintenant ce que vous allez faire ; voila deux lettres; une pour Aymé Carondelet, et l'autre, pour votre maîtresse : vous allez les remettre toutes deux à leur adresse, en commençant par celle du jeune homme; cela fait, vous ne reviendrez me voir, que lorsque de nouvelles missives seront entre vos mains; vous m'avez bien comprise, n'est-ce pas ?

— Parfaitement, madame.

— Au revoir, mon enfant; vous connaissez le chemin, et savez quand vous devrez revenir.

La servante de mademoiselle de Leurandex fit la révérence et partit.

Restée seule, la marquise de Vercel laissa échapper un rire qui ressemblait au glapissement d'une bête fauve.

— Enfin, je les tiens donc tous deux, murmura-t-elle ; Thevenin est un maître habile dans l'art de contrefaire les écritures ; ils y seront trompés, et maintenant que ce scribe écrira ce que je lui dicterai, je me charge de les séparer pour jamais l'un de l'autre.......... ....

Il était environ neuf heures du matin ; Aymé Carondelet était assis à une petite table et lisait attentivement, lorsque Claude son oncle, entra brusquement dans sa chambre, sans se faire annoncer.

— Je viens, monsieur mon neveu, vous entretenir au sujet d'une chose de la plus haute importance et qui demande toute votre attention ; seriez-vous disposé à m'accorder quelques instants d'entretien ?

— Volontiers, messire ; d'autant mieux, que je serais bien aise aussi, de vous faire part de certains projets que je désire vous soumettre, afin que vous jugeassiez s'ils sont ou non, réalisables.

Claude Carondelet secoua la tête, prit un siége, s'assit, et entra immédiatement en matière sans préambule aucun.

— Messire Aymé, lui dit-il ; je suis d'un âge à désirer le repos du corps et la tranquillité de l'esprit ; or, pour cela, il est nécessaire que je remette entre vos mains les affaires de votre maison et la gestion de votre patrimoine ; mais comme vous n'êtes point majeur, comme en outre, il faudrait une femme à la tête de votre ménage, je viens non-seulement vous proposer un mariage, mais vous présenter une personne qui, je le crois, est digne de votre nom, et pourra conduire convenablement le train de votre hôtel.

— Je vous suis mon cher oncle, on ne peut plus reconnaissant des bons offices que vous voulez bien me rendre, ainsi que de l'intérêt que vous voulez bien me porter; je croyais vous avoir il y a peu de jours, communiqué mes résolutions à ce sujet, et j'ajouterai si j'avais alors oublié de le faire, qu'elles sont inébranlables.

— Attendez pour vous prononcer ainsi, que vous connaissiez bien toutes les conséquences fâcheuses qui pourraient résulter de votre obstination ; ces conséquences sont telles, que l'honneur du nom de la famille est à jamais entaché d'une grâve souillure, si vous ne renoncez à la main de mademoiselle de Leurandex, pour accepter celle de la marquise de Vercel, que j'ai mission de vous offrir.

— Et vous osez, monsieur mon oncle, remplir le ridicule rôle que cette femme vous impose; vous osez venir me dire en face, que cette moderne Putiphar désire trouver en moi un Joseph; ah! monsieur mon oncle; non-seulement, je lui abandonnerais mon manteau, mais cet hôtel, mais tout ce que je possède, plutôt que d'avoir le malheur de me trouver pour ma vie, face à face avec elle.

— Et si la marquise de Vercel tenait entre ses mains mon honneur et par conséquent, l'honneur du nom de votre père et du vôtre ; s'il était loisible à cette femme de le jeter aux gémonies, de le traîner dans la boue, et d'en faire un hochet avec lequel pourrait peut-être jouer le bourreau, ne modifieriez-vous pas un peu votre décision, messire mon neveu ?

— Je ne vous comprends plus monsieur ; répondit Aymé en se levant du siége qu'il occupait, et s'avançant grâvement vers son oncle ; quel rapport, quelle liaison peut-il exister entre le nom de Carondelet et la marquise de Vercel ; en quoi, quand et comment, cette dernière peut-elle souiller un nom porté honorablement, et qui a illustré les plus nobles carrières offertes aux membres de la famille qui l'ont porté ?

— C'est un douloureux secret que je vais vous confier ; sommes-nous bien seuls ?

— Oui, messire ; mais dois-je croire que tout ceci n'est pas une comédie arrangée entre vous et....

— Assez monsieur ; quand un Carondelet vous donne sa parole d'honneur que tout ce qu'il va vous dire est vrai, on doit le croire, ce me semble.

— Alors, parlez donc, car l'incertitude

dans laquelle vous me mettez, m'est plus pénible à supporter que l'important secret que vous avez à me révéler.

— Asseyez-vous monsieur, et permettez-moi d'en faire autant, car l'épisode de ma vie que j'ai à vous raconter est assez long.

Vous voudrez bien aussi monsieur mon neveu, prendre en considération que le frère de votre père va s'humilier devant vous, et que s'il le fait, c'est qu'il espère que vous réfléchirez mûrement au sacrifice qu'il vous demande non-seulement en son nom, mais au nom de l'honneur de toute la famille dont vous êtes appelé à devenir un jour le représentant et le chef.

— Je vous écoute, messire mon oncle; répondit d'une voix émue Aymé en s'asseyant.

— A l'époque où je remplissais les fonctions d'ambassadeur à Londres, je fis la connaissance d'une jeune veuve de vingt-deux ans environ, qui s'appelait miss Harriet.

Pleine d'esprit, douce, bonne et dévouée, elle me plût infiniment, et chaque instant que ma position me laissait de libre, je le lui consacrais tout entier.

Bientôt, cet attrait se transforma en une passion violente; mais comme elle était sage, et que mon intention n'était pas de l'épouser, vu que j'avais horreur du mariage, je dus chercher un moyen d'arriver à mes fins coupables en la trompant.

Sans entrer dans tous les détails de cette honteuse histoire, qu'il vous suffise de savoir que je fus uni à elle par un faux mariage sous un faux nom, et au moyen de faux papiers.

Un mois après, je quittai l'Angleterre et revins dans ce pays, sans que ma victime pût savoir ce que j'étais devenu, et depuis, j'y suis resté.

— Je n'ai pas le droit de vous blâmer messire ; répondit Aymé ; vous avez fait là, une lâche et mauvaise action ; mais je ne vois pas encore pourquoi je dois pour expier votre faute, renoncer à la main de mademoiselle de Leurandex , comme vous me l'avez si positivement annoncé.

— Veuillez, monsieur, m'écouter jusqu'au bout et vous réfléchirez ensuite.

Par une fatalité unique, ou plutôt par une punition du ciel, ces faux papiers que je fabriquai jadis, sont entre les mains de la marquise de Vercel.

— Eh ! bien, qu'importe ; est-ce que la maison des Carondelet n'est pas assez riche pour les lui acheter ; la marquise a dévoré une partie de sa fortune, et elle ne sera pas bien exigeante sur le chiffre de la somme qu'on aura à lui compter.

— Voilà justement ce qui vous trompe ;

la marquise de Vercel exige votre main pour prix de son silence ; aucun autre arrangement ne lui convient et n'est possible.

— Alors, c'est de la vengeance ; c'est de l'orgueil blessé ?

— Mieux que cela ; cette miss Harriet dont je vous ai parlé, est la sœur de la marquise de Vercel.

Or, dans un voyage que fit cette dernière en Angleterre, elle lui raconta l'infâme guet-à-pend dont elle avait été la victime, lui dépeignit mon signalement, et lui remit les faux papiers qui avaient servi à consommer sa perte.

La marquise de Vercel jura à sa sœur, qu'elle n'aurait nul repos avant d'avoir découvert le coupable et l'avoir livré à la justice ; elle alla aux enquêtes, se fit renseigner, et avec le flair du tigre, elle arriva à acquérir la certitude que le faussaire et le suborneur de sa sœur était moi.

Je n'ai pas besoin de vous dire qu'elle est décidée à faire comparaître en justice et sa sœur, et celui qui a consacré le mariage, afin de me confronter avec eux.

Cela étant, je serai bien certainement reconnu et alors, malgré tout le crédit de mon nom, je ne puis éviter l'accusation de faussaire, et comme tel, être condamné à une peine infâmante.

Vous voyez donc, que j'avais raison de

dire qu'il fallait absolument sauver l'honneur de la famille, en épousant la marquise de Vercel.

Aymé pour toute réponse poussa un profond soupir, et laissa tomber sa tête dans ses mains.

Quelques minutes se passèrent ainsi.

— Que dois je espérer ? demanda Claude Carondelet, auquel ce silence pesait.

Aymé releva lentement la tête, se dressa sur ses pieds, et s'avança grâvement jusqu'au près de son tuteur.

— Vous me demandez ce que vous devez espérer ; ne le saviez-vous point avant d'entrer ici ?

Vous vous êtes dit : J'ai été assez lâche et assez peu chrétien, pour trahir la confiance et l'amour d'une femme au moyen de manœuvres coupables et illicites, et maintenant que je recueille ce que j'ai semé, maintenant que mon honneur est par ma faute menacé jusque dans sa source, voici ce que je ferai : J'irai trouver un jeune homme mon parent qui n'a jamais failli, et sous l'influence d'une menace, je lui prendrai sa seule part de bonheur en ce monde pour en couvrir ma honte et la dérober à tous les yeux ; je prendrai à ce parent sous le prétexte de sauver l'honneur du nom, les joies de sa vie présente et celles de son avenir ; j'étoufferai son amour saint, son amour pur, afin de mieux plonger dans l'oubli, mon amour infâme et mensonger ; moi vieillard, je prendrai à ce jeune homme ses plus beaux rêves et ses plus chères espérances, et j'en couvrirai mes turpitudes.

Que me fait à moi qu'il soit ou non heureux, pourvu que mon nom reste blanc comme neige ; que me fait son désespoir, pourvu que l'impunité me soit acquise ; je ne saurais la payer trop cher.

N'est-il pas vrai, monsieur, que vous vous êtes dit tout cela ?

Et vous avez cru qu'esclave obéissant, j'abandonnerais la vertu personnifiée dans mademoiselle de Lenrandex, pour épouser le vice et l'intrigue, dignement représentés par madame de Vercel.

Vous avez pu songer que j'hésiterais entre la perte du bonheur de toute ma vie, et le plus ou moins de boue jeté sur le nom de Carondelet par un de ses membres.

— C'est le nom de votre père ; tâchez de ne pas l'oublier.

— Mon père, monsieur, est mort vertueux et honoré : son nom est à l'abri de toute souillure, car chacun est responsable de ses œuvres.

— Vous refusez donc de sauver d'une tache le nom de la famille et les cheveux blancs du frère de votre père ?

— Je vous refuse monsieur, la seule part

de bonheur qui m'a été léguée en ce monde ;
je refuse de jouer le rôle d'un bouc émissaire sacrifié à l'ambition de la marquise de
Vercel et à l'obtention de l'impunité des méfaits d'un de mes proches ; or, sachez le bien,
plutôt que d'accorder ma main à la marquise,
j'aimerais mieux être le varlet du dernier
des serfs de la chrétienneté.

Vous pouvez monsieur mon oncle , lui
transmettre ma décision, en lui affirmant
qu'elle est irrévocable.

— Ainsi, moi votre oncle, je me serai
inutilement humilié devant vous ?

— Je ne me rappelle plus de rien monsieur, excepté de la réponse que je viens de
vous faire, et que je vous prie de transmettre
à madame de Vercel.

Et saluant grâvement, messire Aymé sortit de la chambre laissant son oncle stupéfait devant une telle résolution.

Aymé la tête en feu , descendit l'escalier
et traversa la cour afin de gagner la rue ;
comme il mettait le pied sur la porte principale, il se trouva face à face avec la domestique de mademoiselle de Leurandex qui lui
apportait une lettre.

— Ah ! dit Aymé ; il est heureux que je
te rencontre à cette heure ; va m'attendre
dans la chambre de Claude, mon valet, car
j'ai à écrire quelques lignes à ta maîtresse
que tu lui porteras de suite ; ce soir, j'irai

répondre verbalement à la lettre qu'elle m'envoie.

Puis, quittant la femme de chambre, il remonta dans son logis et r'ouvrant une lettre qui était écrite de la veille, il y ajouta rapidement quelques lignes, la scella, et descendit rejoindre la domestique.

— Pour ta maîtresse; dit-il en lui donnant la lettre; fais diligence.

La servante prit la missive et se hâta de sortir; arrivée vis-à-vis le logis occupé par la marquise de Vercel, elle examina attentivement si nul ne la surveillait.

Cet examen lui ayant prouvé que pas un œil n'était ouvert sur elle, elle s'élança rapidement dans l'escalier qui conduisait aux appartements de la marquise.

— Madame, dit-elle en entrant; j'ai remis à son adresse la lettre que vous m'aviez donnée et je vous en apporte une autre, ainsi que cela est convenu.

La marquise s'empara avidement de la lettre qui était adressée à mademoiselle de Leurandex, et en brisa convulsivement le cachet.

Voici ce qu'elle lut :

Mademoiselle,

« Je suis en ce moment sous le poids
» d'une tyrannie qui devient de jour en jour,
» plus insupportable ; pour des raisons que

» je ne puis confier à personne, l'on a cher-
» ché à me persuader qu'un mariage avec
» la marquise de Vercel était l'union la
» plus raisonnable et la plus sortable que je
» pusse former; mais vous savez quelle est
» l'antipathie que j'éprouve pour cette
» femme; vous savez que sa vue produit sur
» moi la même répulsion que celle que j'é-
» prouverais à la vue d'un serpent ou d'un
» reptile quelconque; non seulement il y a
» répulsion, mais il s'y joint du dégoût.

» Ah ! pourquoi ne suis-je pas un pauvre
» individu bien obscur, sur lequel nul œil
» ne soit ouvert pour controler la valeur de
» ses sentiments; je serais au moins libre
» de me créer un bonheur tel que je l'en-
» tends, et c'est vous dire que mon choix se
» fixerait sur vous.

» En vérité, il semble qu'une intervention
» diabolique et occulte, se fasse un plaisir
» de renverser mes projets à mesure que je
» les édifie, et qu'un souffle destructeur dé-
» truise le germe de mon bonheur quand je
» me complais le plus à le regarder éclore.

» Quoiqu'il en soit, soyez sûre que rien
» ne fera changer mes sentiments à votre
» égard, et qu'heureux ou malheureux,
» pauvre ou riche, de près ou de loin, vous
» serez toujours pour moi ce qu'est la patrie
» à l'exilé, ce qu'est une bienfaisante rosée
» aux plantes déssechées par les rayons
» d'un soleil trop brûlant.

» Au revoir, Mademoiselle ; au revoir, ma
» sœur dans le malheur ; demain, j'irai vous
» rendre visite et vous dirai de bouche ce
» que je ne puis confier au papier.

« Votre tout dévoué,

« AYMÉ. »

— Hé ! hé ! ricana affreusement la marquise ; il est heureux que j'aie eu l'idée d'in-
tercepter une telle correspondance ; en vérité, c'est un roucoulement de très bon ton,
dans lequel on ne me réserve pas le plus
beau rôle ; mais patience, mes tourtereaux ;
je vous réserve à tous deux un plat de ma
façon, du goût duquel vous vous souviendrez
longtemps, je vous le jure.

Et la marquise se promenait vivement
dans la pièce où attendait la domestique,
tout en froissant convulsivement dans ses
mains la lettre adressée par Aymé de Carondelet à mademoiselle de Leurandex.

Tout à coup, elle se tourna brusquement
vers Julie.

— Peux-tu, lui dit-elle, m'introduire
en cachette chez ta maîtresse lorsque messire
Aymé y sera, et me cacher de façon à pouvoir
entendre leur conversation.

— Cela est difficile, madame ; répondit
la servante.

— Eh ! bien, tâche de trouver le moyen de
le faire et tu viendras alors m'en prévenir.

Le lendemain; grâce à l'infernale invention de la marquise et au talent du faussaire scribe son complice, mademoiselle de Leurandex et Aymé Carondelet, recevaient tous deux une lettre l'un de l'autre, lettres qui leur fut remises par Julie, émissaire secret de madame de Vercel.

Voici le contenu de celle adressée à mademoiselle Éva.

« Mademoiselle,

« Des susceptibilités de famille que j'étais
» loin de m'attendre à voir surgir, mettront
» sans doute des barrières infranchissables
» entre vous et moi, et me forceront à re-
» noncer pour longtemps et peut-être pour
» toujours, au projet d'union qui avait été
« jusqu'ici, l'objet de mes rêves et de mes
» plus ardents désirs.

» Vous comprenez, mademoiselle, que ma
» dignité m'interdirait de vous introduire au
» sein d'une famille qui n'aurait pour vous
» que de l'indifférence pour ne pas dire du
» mépris, et que votre dignité que je connais,
» ne permettrait point de souffrir, ni d'ac-
» cepter une semblable position qui serait
» pénible et insupportable pour tous deux.

» Il m'en coûte beaucoup de vous dire
» franchement toutes ces choses ; mais j'ai
» pensé qu'il valait beaucoup mieux nous
» éclairer mutuellement sur les dispositions

» actuelles de mes proches, afin de mieux
» juger des difficultés qui pourraient résul-
» ter d'une pareille union.

» Forcé de subir la loi du plus fort et
» d'accepter les conditions qui me seront
» faites, je n'en demeurerai pas moins votre
» tout dévoué, soit que mon sort s'unisse à
» une autre, soit que je reste célibataire.

» Hélas ! nous avons rêvé tous deux, et
» pour tous deux, le réveil est arrivé ; en
» vérité, à moins que vous ne m'y aidiez, je
» ne sais si j'aurai le courage de renoncer à
» vous et de ne plus vous revoir ; prêtez-moi
» donc votre aide dans cette circonstance, et
» soyez généreuse jusqu'au bout en refusant
» de me recevoir, si je me sentais trop faible
» pour me priver de votre vue.

» Adieu ! mademoiselle ; ne m'oubliez pas
» dans vos prières, car je ne me sens pas la
» force de pardonner ou maudire, et la mort
» en ce moment, serait la bien-venue.

» Adieu ! adieu !

AYMÉ.

Pendant que mademoiselle de Leurandex dévorait ses larmes en lisant cette fausse missive, Aymé Carondelet recevait à son tour, la lettre qui suit :

« Monsieur.

» Sachant combien votre famille est op-
» posée à un projet d'union entre vous et

6

» moi ; sachant en outre, que vos visites n'a-
» boutiraient désormais qu'à nous causer
» du désagrément à tous deux, et surtout
» à vous ; décidée d'ailleurs, à embrasser
» une vocation qui est un secret entre Dieu
» et moi, je crois monsieur, qu'il serait utile
» de cesser toutes relations, et au besoin, je
» vous prierai de le faire.

» Il se peut, que trompée par mon ima-
» gination, j'aie cru à un projet d'union
» plus ou moins éloigné ; mais après avoir
» mûrement réfléchi, j'en ai reconnu l'ab-
» surdité ; et puis, vous l'avouerai-je ; je ne
» me suis jamais senti de sympathie pour
» vous, et vous avez sans doute pris les
» simples convenances de la politesse que
» j'ai employées à votre égard, pour un tout
» autre sentiment.

» J'en suis fâchée, et désire vivement
» qu'une autre union mieux assortie, vous
» fasse oublier votre erreur à cet égard.

» Vous comprenez monsieur, que doréna-
» vant, vos visites me seraient des plus im-
» portunes, et que si vous voulez me témoi-
» gner sincèrement votre estime, vous ne
» pouvez mieux le faire, qu'en vous abste-
» nant de vous présenter chez moi.

» J'ose croire monsieur, que vous pren-
» drez ma lettre en considération, et que
» vous voudrez bien accéder à ma demande.

» Il me reste à vous remercier de tous les

» bons soins que vous avez eus pour moi,
» et à vous souhaiter tout le bonheur qu'on
» peut désirer dans ce monde.

» J'ai l'honneur d'être, monsieur, votre
» très humble servante,

Eva de Leurandex.

A la lecture de cette lettre, Aymé chancela comme un homme ivre, et se sentit pris de vertige.

Mais au bout de quelques minutes, une réaction diamétralement opposée se fit en lui; saisissant la lettre il la froissa avec fureur, la jeta à terre, et la lacéra du talon.

— Fou, fou, que j'étais; murmura-t-il sourdement; j'ai pu croire à l'amour de cette femme et j'ai pu l'aimer; oh! ferme-toi, mon pauvre cœur; ferme-toi pour jamais, car tu n'avais pas mérité une semblable déception.

Et en ce disant, il se laissa aller machinalement dans un fauteuil qui se trouvait placé à côté de lui,

Au bout d'un instant l'émotion allant croissant; il se leva brusquement, se mit à aller et venir dans la chambre, proférant tout haut des mots sans suite, et gesticulant comme un homme atteint de frénésie.

— Eh! bien, oui, je romperai; la marquise de Vercel est plus franche; elle se montre au moins telle qu'elle est, tandis que l'autre,.... Oh! trois fois insensé, qui s'est laissé prendre au piége comme un enfant; trois fois fou, qui a ajouté foi aux paroles et aux sentiments trompeurs de cette femme qui n'a jamais su aimer.

Je ne devais pas me livrer ainsi pieds et poings liés; je devais savoir que cette fallacieuse créature n'était qu'une statue de pierre deshéritée de tout sentiment et par conséquent, incapable de répondre aux miens.

Je devais comprendre que cette froideur, cette réserve, ce manque de confiance d'elle à moi, indiquaient qu'un cœur mort, qu'un cœur inerte que rien ne pouvait émouvoir, était logé dans ce corps de marbre.

Ah! j'ai mérité cette défaite par mon trop de confiance; j'ai mérité cette défaite par mon trop de crédulité; et cependant, il me semblait parfois, que lorsque son regard s'arrêtait sur moi, il était empreint d'une certaine nuance de tendresse, et bien que cette manifestation n'eût que la durée d'un éclair, j'avais cru pouvoir y lire un tout autre sentiment que celui de la coquetterie; mais cette lettre m'apprend que je me suis trompé; cette lettre, est le renversement de mes espérances et la destruction de mon amour franc et loyal. Ah! elle se rit sans doute de ma naïveté; j'étais pour elle un jouet, un passe-temps, et quand ce jouet ennuie, on le jette ou on le brise.

Eh ! bien, je me vengerai à mon tour d'Eva de Leurandex ; j'épouserai la marquise de Vercel que je déteste, et dussé-je en mourir, je la conduirai à l'autel.

Après tout, que me fait le malheur ; il ne peut-être plus grand pour moi qu'il ne l'est actuellement, et quant à la vie, j'y tiens assez peu pour ne pas m'inquiéter si elle sera ou non heureuse.

Ce monologue terminé, il fit encore quelques pas dans la salle et sonna son domestique.

Claude, dit-il à ce dernier lorsqu'il se présenta ; va demander à monsieur mon oncle, s'il lui serait agréable de m'accorder un quart d'heure d'entretien.

Le domestique s'inclina sans mot dire, et se mit en devoir d'aller remplir sa commission.

— Le sort en est jeté ; s'écria Aymé ; dussent mes cheveux blanchir en un jour, j'épouserai la marquise ; puisse le souvenir d'Eva de Leurandex se dissiper et s'éteindre en moi comme une lampe que l'on souffle, et puisse ma mémoire oublier jusqu'à son nom.

Un bruit de pas annonça le retour du valet.

— Messire, votre oncle vous attend dans sa chambre, et la domestique de mademoiselle Eva, vous demande de la part de sa maîtresse ; lui dit-il à demi-voix.

— Va lui dire de ma part, qu'elle apprenne à mademoiselle de Leurandex qu'entre elle et moi, il n'y a plus rien ; non, plus rien qu'un oubli éternel ; voilà toute ma réponse ; ah ! dis lui aussi, que j'épouse la marquise de Vercel.

Le valet ouvrit de grands yeux et essaya de parler ; mais pas un son ne put sortir de son gosier, et il restait encore là, comme pétrifié, qu'Aymé était déjà sorti de la chambre pour aller rejoindre son oncle.

— Monsieur, dit en entrant Aymé à son oncle ; vous m'avez proposé il y a quelques jours d'épouser madame la marquise de Vercel, et je vous ai répondu négativement à ce sujet malgré les raisons majeures que vous m'avez exposées ; depuis, j'ai réfléchi, et je viens vous prier de vouloir bien demander pour moi la main de cette personne.

— Je suis charmé messire mon neveu, que vous eussiez enfin pris cette résolution, et je vous en remercie ; croyez bien que je saurai apprécier.....

— Oh ! monsieur mon oncle, interrompit vivement Aymé ; ne me remerciez de rien, et ne prenez pas pour du dévouement ce qui n'est qu'un espèce de caprice ; d'ailleurs, toute position extrême exige un parti extrême et je suis dans ce cas ; profitez en donc, et pressez les choses, de crainte qu'une réflexion imprévue ne m'empêche peut-être de réaliser ce projet et m'en fasse ajourner indéfiniment l'exécution.

— Quand pourrai-je avoir l'honneur de vous présenter à madame de Vercel ?

— Oh ! mon Dieu, ce soir, demain, quand vous le voudrez ; cela est peu important et pour elle et pour moi.

— Cependant, monsieur mon neveu, je ne voudrais pas forcer vos inclinations, pas plus que je ne voudrais que par un dévouement chevaleresque pour la famille, vous pussiez contracter un engagement contre vos goûts et contre votre cœur....

— Oh ! soyez sans crainte monsieur ; je dois vous déclarer pour être franc, que ce n'est ni par force ni par dévouement, que je consens à épouser madame de Vercel ; une autre cause que vous devez ignorer m'y a décidé, et je vous le répète ; plutôt cela se fera, mieux cela vaudra.

Et en ce disant, Aymé salua et sortit.

Rentré dans sa chambre, il s'assit triste et résigné, puis, se mit à évoquer son heureux passé d'autrefois ; il parcourut en esprit tous les lieux qui lui rappelaient la présence de mademoiselle de Leurandex ; les ombrages sous lesquels ils s'étaient assis ensemble, leurs conversations riantes et animées ; il n'était pas même jusqu'aux fleurs qu'ils avaient cueillies, qui ne se présentassent à son souvenir ; et à la pensée que toutes ces choses étaient évanouies pour toujours, et que ces heureux incidents ne se présenteraient plus pour lui, il se prit à pleurer amèrement.

Certes, il fallait que la douleur qui lui étreignait le cœur fut bien forte, pour faire jaillir ainsi des larmes des yeux de cet homme qui n'avait jamais connu la peur.

Après être resté longtemps sous le poids de ce cuisant chagrin, il se leva, et ouvrant un petit meuble de laque, tira d'un de ses tiroirs quelques fleurs desséchées qu'il considéra attentivement.

— Mortes ! mortes aussi ! murmura-t-il ; mortes comme son amitié et comme son cœur; ah ! de tous ces sentiments si nobles, si doux et si purs, voilà donc tout ce qu'il reste ; des branches sèches sans verdeur et sans sève, qui bientôt, s'anéantiront à leur tour.

Oh! inconstance humaine ; que ton apprentissage est rude ; que les plaies que tu fais, sont profondes et douloureuses.

Restez donc enfouies dans ce tiroir, pauvres fleurs fanées qui jadis, me furent données au nom de l'amitié ; seules, vous êtes restées fidèles, et seules en ce jour, me rappelez le culte d'un saint amour évanoui pour toujours.

Et cependant, qui eut dit que ce serait elle qui retournerait ainsi la lame d'un poignard dans mon sein ; qui eut dit, que ce sourire d'ange, ce visage si calme, ce regard si doux, ce cœur si bon, qui eut dit, que tout cela était mensonge et fausseté..... Ah ! je ne puis le croire ; et cependant, la preuve existe ; elle est là, dans cette lettre où perce un ton de mépris ou d'ironie qui me met hors de moi et me rend fou ; oh ! Eva, Eva, que le jour où je vous ai vue, soit un jour maudit, car je vous aimais sincèrement, saintement , et vous ne m'avez jamais aimé.

Et cependant, il m'eut fallu si peu ; ah ! cette lettre ; voyons, que j'essaie de la relire, que je voie si c'est bien elle, qui a pu écrire ainsi avec du fiel, elle si bonne ; mais oui, c'est son écriture ; c'est bien sa main qui a écrit ces phrases et son esprit qui les a conçues : ah ! soit détruite comme tu as détruit mes illusions, lettre maudite ; soit détruite, et puisse son souvenir être anéanti dans mon cœur, comme tu vas l'être dans cet ardent foyer.

Et Aymé en proie à une violente surexcitation, lança la malencontreuse lettre dans le feu.

Pendant qu'il la regardait se tordre et se noircir, je ne sais quelle idée traversa son cerveau ; se baissant vivement, il disputa aux flammes la partie qui était encore intacte , et la serra dans la poche de son pourpoint.

Un instant après, Aymé sonna violemment son domestique.

— Dans une heure je sortirai ; et comme je désire que tu m'accompagnes, tu auras soin d'être prêt à mon premier appel.

Claude sans répondre fit un profond salut et quitta l'appartement.

Quant à Aymé, il passa dans sa garde-robe, y choisit le plus riche de ses habillements, et s'en revêtit sans aide aucune.

Cela fait, il rajusta son pourpoint et ses manchettes, en froissa coquettement les dentelles, puis se jeta plutôt qu'il ne s'assit dans un fauteuil, en attendant son domestique.

A quoi pensait-il, qu'avait-il résolu ; c'est ce que la suite nous apprendra.

Deux ou trois coups discrètement frappés à la porte de la salle, le tirèrent de sa rêverie.

— Entre, commanda Aymé.

La figure de Claude se présenta à travers l'entrebâillement de la porte.

— Je suis prêt, monsieur ; murmura-t-il de façon à être à peine entendu de son maître.

Aymé se leva, donna un dernier coup d'œil à sa toilette, ceignit une riche épée, et suivit son domestique.

Arrivés dans la rue, Claude s'arrêta, puis s'inclinant devant son maître :

— Où vous plait-il messire, que je vous accompagne ?

— Chez madame la marquise de Vercel.

Claude tressaillit comme s'il eût reçu une

commotion, et se demanda si son maître était devenu fou ou était en train de le devenir.

Arrivés devant l'entrée du logis, Aymé s'arrêta brusquement.

— Monte, dit-il à son valet; et annonce moi à la marquise.

Claude se gratta l'oreille et hésita; mais craignant quelque rebuffade, il traversa la cour, et monta l'escalier du perron.

— Pauvre demoiselle Eva, murmura-t-il; elle ne méritait pas un tel abandon; qui sait, s'il n'y a pas là-dessous quelque machination de la marquise; cette femme ne m'a jamais plu; hum! hum! mon maître n'y voit goutte; je ne connais rien de plus sot qu'un amoureux, et je crois que je ferai bien de chercher à éclaircir ce mystère moi-même.

Tout en faisant ce monologue, Claude arriva à la porte du vestibule qu'il ouvrit, et fit annoncer à la marquise que son maître Aymé Carondelet qui le suivait immédiatement, demandait à l'entretenir en particulier.

Madame de Vercel bondit de joie, et se leva pour aller recevoir elle-même, le visiteur.

A sa vue, Aymé ne put retenir un mouvement d'étonnement ou de répulsion qui n'échappa point à l'œil de cette femme; aussi redoubla-t-elle de politesse, de coquetterie, et de formes exquises envers celui dont elle convoitait le cœur.

— Ah ! messire ; lui dit-elle d'une voix mélodieuse, nuancée d'une légère teinte de mélancolie ; à quel génie bienfaisant, dois-je l'honneur d'une telle visite ?

— Dites plutôt madame, à quel génie malfaisant ; car ce n'est certes pas le bonheur qui dirige mes pas dans votre demeure.

La marquise se mordit les lèvres et ses yeux lancèrent furtivement des éclairs ; mais reprenant subitement l'esprit de son rôle, elle continua sur le même ton:

— Bon ou mauvais génie, je ne lui en ai pas moins une grande reconnaissance, et vous êtes le bien venu chez moi.

— Mon Dieu, madame, si vous vouliez être franche comme je le serai moi-même, vous mettriez bas le masque que vous portez en ce moment, et vous parleriez à visage découvert. Je n'ai pas besoin de vous dire que je connais et la conversation que vous avez eue avec monsieur mon oncle, et la condition que vous avez mise à votre silence ; permettez-moi donc de m'asseoir, et de vous parler à cœur ouvert, comme un franc gentilhomme doit le faire.

— Faites, monsieur, répliqua la marquise en s'asseyant à son tour ; je vous écoute.

— Sachez donc, madame, que bien que vous eussiez entre les mains de quoi déshonorer le nom des Carondelet que je représente ici, jamais je n'aurais consenti à vous vendre ma main ; car c'est un marché que vous êtes venu proposer à messire Claude mon oncle et tuteur, et j'étais, moi, la marchandise que l'un voulait vendre et l'autre acheter ; vous n'oseriez le nier, n'est-il pas vrai ?

— Monsieur, reprit la marquise dont le visage s'illumina de colère ; je ne puis souffrir.....

— Oh ! je vous ai prévenue madame que je serais franc ; veuillez m'écouter jusqu'au bout.

Je disais donc que rien au monde ne m'aurait décidé à unir mon sort au votre.....

— Monsieur, vous humiliez une femme chez elle ; interrompit la marquise en se levant de son siége.

— Mon Dieu madame, si vous ne me laissez pas achever, il ne me restera qu'à me retirer sans pouvoir conclure avec vous.

— Parlez donc, monsieur ; parlez ; répliqua madame de Vercel d'un ton de voix saccadé ; je suis bien résolue à ne plus vous interrompre ; du moment ou il est permis à un gentilhomme d'être impoli envers une femme, j'aurais mauvaise grâce de me plaindre.

— Interrogez votre conscience madame, et vous verrez si vous avez le droit de trouver à redire à ma franchise.

Je continue, et je dis, que sans un incident que j'étais loin de prévoir, jamais mon sort ne se serait uni au votre.

— Seriez-vous donc disposé actuellement à obéir à messire votre oncle ?

— A votre question, je répondrai ceci madame; quand un homme se noie, il saisit le premier objet de sauvetage qui lui est présenté ou qui se trouve sous sa main; à cette heure, madame, je suis cet homme.

Quand un homme a une vengeance à accomplir, et qu'il est sous l'empire d'un profond désespoir, il accueille avec joie l'instrument qui peut l'aider puissamment dans ce projet; or, je suis encore cet homme, madame.

— Mes lettres ont porté leur fruit; pensa tout bas la marquise.

— Voilà pourquoi, continua Aymé, je viens au nom de mon oncle vous demander votre main.

Mais madame, ne vous y trompez pas; je ne vous aime point; et vous ne m'aimez point non plus; j'en ai la pleine certitude; ainsi, il est inutile de vous dire que le cœur n'est pour rien dans notre marché; que ce cœur, vous ne le posséderez jamais; mais cela doit peu vous importer; le nom et la fortune sont les seules choses qui puissent vous intéresser.

— Monsieur, vous m'obligez à refuser l'union que vous me proposez aussi ironiquement; pensez-vous donc que j'aie abdiqué tout sentiment délicat, et....

— Madame la marquise de Vercel veut-elle bien accepter le nom, la main et la fortune d'Aymé Carondelet ici présent ? répéta le jeune homme d'un son de voix légèrement altéré.

— Est-ce franchement et de bonne foi que vous me le proposez ? demanda la marquise.

— Je croyais vous avoir assez prouvé ma franchise il y a peu d'instants; répliqua Aymé en se levant.

— Eh ! bien, monsieur, la marquise de Vercel accepte, à condition que vous la rendrez heureuse.

— Vous serez votre maîtresse madame, et je vous jure que liberté entière vous sera accordée ; messire mon oncle réglera lui-même les apprêts de cette union et en fixera le jour.

D'ici là, madame, il est probable que je ne vous reverrai qu'à de rares intervalles, et seulement, pour ne pas déroger aux usages voulus dans un semblable cas, et pour ne pas donner lieu à des observations déplacées de la part du public.

— Vous êtes seigneur et maître, messire; vos volontés en ce cas, seront les miennes.

— Au revoir ! madame.

— Au revoir ! messire.

Carondelet retrouva son valet dans l'anti-

chambre, et tous deux, se dirigèrent en silence vers la porte de sortie.

Imprudent ! exclama la marquise lorsqu'elle fut seule ; je te ferai payer cher les
insultes que tu m'as jetées aujourd'hui à la
face ; patience ; j'aurai mon tour.

Il y a deux êtres en nous qui sont d'humeur et de nature diamétralement opposées : l'une, que j'appellerai la bête, de nature boueuse ou terrestre, qui ne comprend que la matière, ne veut que la matière et ne s'attache qu'à elle.

L'autre, l'esprit, de nature divine et spirituelle, tendant à s'élever sans cesse vers la divinité de laquelle il émane, et destiné à régulariser la matière.

Or, la bête, doit être l'esclave ; et l'esprit, doit lui commander en maître : mais le plus souvent les rôles sont intervertis, et la bête ordonne.

Qui donc peut rétablir l'équilibre et intervertir les rôles, est-ce la raison ? non, car la bestialité lui impose presque toujours silence. Le christianisme seul, peut mettre une bride et un mors puissants à cette chair révoltée, et permettre alors à l'esprit devenu conforme à ses préceptes de la conduire dans le chemin de l'honneur, de la modération et de la vertu.

. . . .

Aimer saintement, c'est aimer par l'esprit avec un cœur pur, et non par passion avec un corps insoumis.

III

Au reçu de l'étrange missive d'Aymé Carondelet, mademoiselle de Leurandex ne put s'empêcher de verser quelques larmes bien cuisantes ; mais l'amour-propre blessé qui meurt si difficilement (surtout chez les femmes), lui rendit toute son énergie; longtemps encore, elle hésita sur le parti qui lui restait à prendre ; mais après mûres réflexions, sa détermination fut arrêtée.

Elle vendit à vil prix son modeste mobilier, congédia sa femme de chambre, et partit sans que nul ne put savoir dans quel endroit elle dirigeait ses pas.

Ce ne fut que deux jours après ce départ, qu'Aymé apprit que mademoiselle de Leurandex avait quitté la ville.

Cette nouvelle le frappa de stupeur et il refusa d'abord d'y croire; mais voulant à tout prix s'en assurer, il se rendit au logis qu'habitait Eva, et le trouva vide.

Pleurant comme un enfant, il se laissa tomber plutôt qu'il ne s'assit, sur un vieux coffre de bois qui avait été abandonné dans une des chambres, et là, tous les souvenirs si doux et si riants du passé, vinrent l'assaillir comme pour insulter à sa douleur.

Tout, dans cette chambre, lui rappelait les faits et gestes de celle qui ne l'animait plus par sa présence, et quelques fleurs sèches, oubliées depuis longtemps sur une cheminée ayant frappé ses regards, il s'en empara comme un fou, et les cacha précieusement.

— Voilà donc avec son souvenir, tout ce qui me reste d'elle ; murmura-t-il tristement.

Après avoir interrogé vainement tous les objets environnants ; après avoir contemplé dans un morne désespoir la place qu'il occupait jadis, au foyer près d'Eva, et où ils avaient eus de si charmants entretiens, place où désormais, elle ne viendrait plus s'asseoir, il prit le parti de se mettre immédiatement en campagne, afin de découvrir les traces de celle dont le souvenir venait de se réveiller en lui, plus fort que jamais.

Pour cela, il lui fallait des renseignements, et Julie seule, en sa qualité d'ex-femme de chambre de mademoiselle de Leurandex, pouvait les lui donner ; ce fut donc à sa recherche qu'il se mit immédiatement, et comme une intuition secrète lui disait qu'il la trouverait chez la marquise de Vercel, ce fut de ce côté qu'il dirigea ses pas.

Mais soit que la marquise ne se souciat point qu'il eut une entrevue avec cette fille, soit qu'elle ne l'eut point vue réellement, il lui fut répondu que madame de Vercel n'avait nulle connaissance de ce qu'elle était devenue.

Aymé rentra dans son logis en proie à une sourde exaspération qui ne demandait qu'un prétexte pour éclater.

Ce fut Claude qui le premier, en supporta les conséquences.

— Ecoute, lui avait dit Aymé en rentrant dans sa chambre ; je te donne trois jours pour savoir ce qu'est devenue mademoiselle de Leurandex ; si passé ce terme, tu ne n'en as pas des nouvelles positives, je te chasse sans miséricorde.

Je te donnerai tous les moyens nécessaires pour remplir ce but ; tu auras besoin d'argent pour cela ; voici de l'or, ne ménage rien ; cherche Julie, tâche de tirer quelque chose de cette fille ; met tout en jeu ; mais si passé ce terme, tu n'as nulles nouvelles à me donner, il est inutile de te représenter ici.

La pauvre valet eut beau objecter à son maître qu'il était un très mauvais limier en ces sortes d'affaires, et qu'il valait beaucoup mieux charger tout autre d'une semblable commission ; Aymé fut inexorable, et Claude se retira on ne peut plus soucieux sur l'issue d'une mission aussi difficile.

Comme il venait de sortir, l'oncle d'Aymé entra dans l'appartement donnant le bras à la marquise.

— Messire mon neveu serait-il disposé à nous accorder quelques minutes d'entretien ? demanda-t-il.

Aymé sans répondre, se contenta de leur indiquer deux siéges, et s'assit tout pensif dans un fauteuil.

— Monsieur mon neveu, madame la marquise ayant désiré vous voir, je n'ai pu me refuser à réaliser son souhait ; cependant je vous trouve si soucieux, que je ne sais en vérité, si vous êtes disposé à nous donner audience en ce moment.

— Je ne sache pas, messire mon oncle, répondit presque sèchement Aymé, que la famille des Carondelet ait jamais manqué de courtoisie même envers un ennemi ; vous pouvez donc être certain, que malgré l'ennui que certaines affaires me donnent en ce moment, je tâcherai d'être convenable ; il n'est pas juste, de faire supporter sa mauvaise humeur aux autres, surtout quand ces personnes sont vos hôtes.

Quant au sujet qui amène madame de Vercel dans cet hôtel, il me suffira de lui dire qu'un Carondelet tient ce qu'il a promis, mais qu'avant d'engager définitivement ma parole, je lui demande un délai de trois jours.

Ce laps de temps écoulé, j'aurai l'honneur de lui porter moi-même ma réponse et de l'instruire de mes dispositions.

— Alors, messire, c'est un congé en bonne forme que vous nous donnez pour le moment ; repartit finement la marquise.

— Eh ! bien, oui madame ; vous savez que je suis franc et vous voudrez bien me tolérer une qualité bien rare chez quelques-uns.

J'ai besoin en ce moment d'être seul ;

veuillez donc me permettre de vous reconduire tous deux jusqu'au bas du perron principal de cet hôtel.

Et se levant, Aymé offrit gracieusement son bras à la marquise.

— C'est la disparition de mademoiselle Eva qui l'attriste ainsi : pensa la marquise ; ah ! j'en suis ravie ; me voilà donc débarrassée de cette fière péronelle et n'aurai plus son influence à redouter.

— Vous tressaillez et souriez tout à la fois, madame ; lui dit Aymé : quelles pensées si riantes vous occupent donc en ce moment ? Et en disant ce, sa voix avait une inflexion de raillerie qui n'échappa pas à madame de Vercel.

— Je pense messire, que souvent la prudence est la mère de la sûreté, et qu'il vaut beaucoup mieux parcourir le pied d'un volcan, que les bords de son cratère.

— Vous ne dites pas toute votre pensée, madame ; répliqua Aymé.

— Vous êtes assez perspicace pour en chercher le véritable sens ; répondit gracieusement la marquise.

Comme ils étaient arrivés au bas du perron, ils se saluèrent mutuellement, et Aymé regagna son appartement, tandis que son oncle reconduisait madame de Vercel à sa demeure.

Pendant ces trois jours de répit demandés

à la marquise par Aymé, ce dernier cherchait à s'étourdir de son mieux ; il courait même les tavernes et cherchait dans les fumées du vin, l'oubli du passé qui le torturait, et celui de l'avenir qui se dressait devant lui comme un menaçant fantôme.

Depuis trente-six heures que Claude son valet était parti, il n'en avait eu aucune nouvelle, et le troisième jour expiré, il pensa que n'ayant rien découvert, rien su, rien appris, il n'osait, ou ne voulait plus revenir.

— Enfin, se dit-il le matin ; c'est demain le grand jour du sacrifice et en même temps, celui de la vengeance ; ah ! Eva ; vous êtes cause, que je vais jeter ma vie au vent comme l'enfant y jette de frêles lambeaux de papier que l'air emporte et disperse au loin ; vous êtes cause, que mon nom va s'unir à celui de cette femme que je déteste, parce qu'obéissant à un mauvais instinct, je sais que cela vous causera une peine peut-être aussi grande que celle que vous m'avez causée par votre lettre et votre disparution.

Allons, dernier descendant des Carondelet ; vas échanger la joie de ton cœur et tes rêves d'avenir contre un titre de marquis, avec l'assurance de te venger de l'oubli de celle que tu aimais et que tu aimes encore ; va porter aux pieds des autels un cœur ulcéré plein du souvenir d'une autre ; va dire à madame de Vercel des paroles mensongères.

mettre ta main dans la sienne, et t'enchaîner à cette femme jusqu'à ce que la mort, cette fille du péché et cette pourvoyeuse de Dieu, vienne rompre le lien qui va t'attacher à elle ; va, va, ne seras-tu pas dignement vengé d'Eva, tout en mettant à couvert l'honneur de ta maison ou plutôt, l'honneur du nom des Carondelet.

Et Aymé se prit à rire convulsivement.

Son oncle entra en ce moment ; il venait lui annoncer qu'il avait choisi lui-même la corbeille qui devait être offerte à sa future épouse, et lui demanda s'il ne serait pas désireux de la voir.

— Merci, répondit le jeune homme ; ce que vous avez fait est bien fait ; au reste, ajouta-t-il, je ne tiens pas à voir ces objets qui ne sont après tout, que les arrhes de mon futur esclavage ; laissez-moi donc chercher à oublier.

— Vous êtes un noble cœur, messire mon neveu ; repartit Claude Carondelet en lui prenant la main ; vous avez compris qu'il fallait tout sacrifier à l'honneur, et cette tâche si rude, vous n'avez pas reculé devant son accomplissement ; aussi, vous en aurai-je une éternelle reconnaissance.

Et en disant ce, il il lui serra affectueusement la main.

Mais sans répondre à cette pression par une autre, Aymé regarda froidement son oncle et lui dit :

— Si je n'avais eu que le motif que vous invoquez pour unir mon sort à celui de la marquise de Vercel, je ne l'aurais jamais fait; mon dévouement ne serait pas allé jusqu'à sacrifier tout le bonheur de ma vie pour un nom, pour une gloriole factice, pour enfin, couvrir les fautes de votre vie; non monsieur; cent fois non.

Ce que je fais en ce moment, c'est par amour, c'est par folie, c'est par vengeance.

J'aimais aveuglément mademoiselle Eva de Leurandex et je l'aime encore, malgré la lettre presque insultante qu'elle m'a écrite, malgré le congé peu poli qu'elle m'a donné, et malgré sa fuite dans je ne sais quelle province.

— Quoi ! mademoiselle de Leurandex n'habite plus cette ville ? demanda Claude Carondelet.

— L'ignoriez-vous, monsieur ? demanda Aymé en fixant un regard inquisiteur sur le visage de son oncle.

— Non, pas précisément, répondit ce dernier ; madame de Vercel m'en avait parlé vaguement, sans même l'affirmer.

— Il y a dans tout cela un mystère que je ne puis expliquer encore ; peut-être le temps m'en donnera-t-il plus tard l'intelligence ; or donc, pour en revenir au sujet qui nous occupe, j'ai voulu me venger de la fuite de la seule personne que j'eusse sincèrement aimée; j'ai voulu me venger de sa lettre qui m'a broyé le cœur, tant elle contenait de fiel et d'amertume; je me suis dit, que pour peu qu'Eva eut d'âme, elle devait avoir quelque affection, ou à défaut d'affection, de l'orgueil ou de l'amour-propre; elle savait que mon désir était de l'épouser et elle y aurait consenti.

Or donc, en épousant la marquise de Vercel, je la blesse dans son affection ou dans son amour-propre; je lui rend tout le mal qu'elle m'a fait, et brise tout espoir d'union entre nous deux.

Voilà monsieur, pourquoi j'épouse la marquise; et si en le faisant, je délivre votre esprit d'une grande anxiété et votre nom d'un grand opprobre, vous ne me devez aucun remerciement, car aucune de ces deux choses n'a eu la moindre part dans ma décision, comme je viens de vous l'apprendre.

— Cela signifie peu, puisque toutes les choses s'arrangent parfaitement par ce moyen.

— À quand la cérémonie? demanda brusquement Aymé sans sourciller.

— Demain, à dix heures du matin; répliqua Claude Carondelet en s'inclinant; vous ferez bien de choisir vos témoins et faire vos invitations.

— Je vous prierais monsieur, de vouloir bien vous charger de ce soin en mon nom, car je ne me sens pas le courage de m'occuper de semblables détails; et puis, j'ai des choses à faire qui réclament tous mes soins.

— Bien, bien, mon neveu ; répliqua l'oncle qui tremblait qu'Aymé ne vînt à changer d'avis et ne voulut plus entendre parler de mariage ; je me charge de tout cela ; ne vous en inquiétez en rien ; vous n'aurez absolument à vous préoccuper que du soin de votre toilette.

Et Claude Carondelet se retira.

Resté seul, Aymé alla s'accouder à une des fenêtres donnant sur la rue *du Viel-Marché*, et regarda passer les gens soit pour se distraire, soit afin d'épier le retour de son valet.

Mais ce fut vainement qu'il resta près d'une heure à ce poste ; il n'aperçut que les légumiers, poissonniers, rôtisseurs et autres marchands, criant le prix de leurs denrées étalées devant eux, et appelant les passants à l'emplette ; son domestique envoyé à la découverte de la demeure de mademoiselle de Leurandex ne reparut point.

Le lendemain, les cloches sonnaient à toute volée, annonçant le mariage de madame la marquise de Vercel, avec Aymé Carondelet, et de nombreuses chaises à porteurs stationnaient devant le logis des deux futurs époux.

Aymé, était vêtu de noir des pieds à la tête. et sur son riche vêtement de velours, bril-

laient deux colliers d'or, ornés de croix en
diamants.

A son côté, pendait une courte épée de cérémonie au fourreau de soie bleue, et à la
garde d'acier bruni.

Sur sa tête, était posé une toque de velours noir, ornée d'une plume de même
couleur retenue par une agraffe de diamants.

Son teint pâle et ses yeux fatigués, annonçaient que sa nuit avait été sans doute
sans sommeil, ou qu'une idée fixe, le rendait triste et soucieux.

Les sires de Vurry et de Varamboz, l'ac-
compagnaient comme témoins.

Arrivés au logis de la marquise, Aymé et
ses amis furent reçus à l'entrée du perron,
et conduits chez madame de Vercel qui revê-
tue d'une toilette éblouissante, avait encore
livré sa personne aux soins de deux ou trois
cameristes, chargées de donner le dernier
coup d'œil et de main, à son ajustement de
mariée.

Pendant que les apprêts de la cérémonie
qui allait avoir lieu se poursuivaient sans
relâche, pendant que le notaire rédigeait en
style de barreau les clauses et conditions du
contrat, nous allons retourner en arrière, et
chercher à savoir ce qu'avait fait, et ce
qu'était devenu le valet d'Aymé.

D'abord, il s'était bien promis de tellement battre l'estrade, qu'il ne tarderait pas à être sur la piste de mademoiselle de Leurandex ; mais après trente-six heures de marches et de contremarches, il commença à se dire que la mission dont on l'avait forcément chargé, était plus difficile qu'il ne l'avait imaginé, car, malgré toutes ses battues, il n'était au bout de ce temps, pas plus riche en renseignements qu'avant de partir.

Il se décida donc à rentrer incognito dans la ville, et d'y faire de prudentes recherches, pensant que mademoiselle de Leurandex aurait peut-être bien pu s'y tenir cachée pendant qu'on la croyait au loin.

Il se rendit d'abord au logis qu'elle avait habité et demanda à le visiter sous prétexte de le louer.

Comme il allait furetant partout, tout en faisant semblant d'examiner les lieux, il avisa à demi enseveli sous les cendres froides du foyer éteint, un fragment de lettre dont l'écriture ressemblait à celle de son maître.

Poussé par un sentiment de curiosité qu'il ne s'expliquait pas, Claude s'empara de ce papier quelque peu brûlé, le glissa dans sa poche, puis sortit, disant qu'il reviendrait donner une réponse si le local convenait.

Une fois dans la rue, il gagna les champs, et sûr que nul ne pouvait le voir, il sortit le fraguement de lettre de sa poche et l'examina attentivement.

C'était bien l'écriture de son maître, mais comme il ne savait pas lire, ce papier n'était qu'une énigme indéchiffrable pour lui.

Après mûres réflexions, il rentra dans la ville, puis toujours avec les mêmes précautions, se rendit au logis de maître Thevenin, scribe public, dont l'échoppe comme on le sait, était située dans une étroite et obscure ruelle débouchant d'une part, dans la rue des *Trois Moulins*, et de l'autre, dans la rue *St-Georges*.

Là, pensait Claude, je pourrai faire lire le contenu de ce chiffon de papier qui m'intrigue tant ; et bien affermi dans cette pensée, il frappa à la porte de l'écrivain.

Au bout de quelques minutes, ce dernier affublé d'une vieille houppelande de serge verte, vint ouvrir et introduisit le valet d'Aymé.

— Qu'y aurait-il pour votre service ? demanda maître Thevenin d'un air tant soit peu dédaigneux, à la vue du visiteur dont le piètre costume lui disait assez qu'une bourse bien garnie ne devait pas giter dans les poches d'un semblable vêtement.

— Je veux savoir le contenu de ce chiffon ; répliqua sèchement Claude en lui tendant le papier jauni et à demi brûlé qu'il avait trouvé dans la chambre qu'avait occupée mademoiselle de Leurandex.

A la vue de ce fragment, maître Thevenin

ne put réprimer un mouvement de surprise qui n'échappa point au nouvel arrivant.

— C'est donc de la part de la marquise que vous venez ? demanda le scribe d'un ton de voix plus radouci.

— Oui ; répondit Claude à tout hasard ; car ce début venait de soulever un coin du voile de l'égnime qu'il cherchait depuis si longtemps.

— Un malheur qui lui sera arrivé ; continua maître Thevenin ; elle aura par mégarde brûlé cette lettre et elle veut sans doute qu'on lui en fasse une seconde ; mais je vous préviens d'avance que le prix sera double, car j'ai réfléchi au danger que je pouvais courir en faisant un semblable travail.

— Ah ! exclama Claude de l'air le plus étonné qu'il put ; ce travail vous a été grassement payé.........

— Coucy, coucy, murmura piteusement Thevenin ; la marquise ne songe pas que pour l'obliger, j'encours la marque au fer rouge et les galères à perpétuité ; au reste, nous verrons ; elle m'a promis une assez jolie somme une fois son mariage conclu et consommé avec messire Carondelet, et certes, ce n'a pas été chose facile que de le détacher de cette petite sotte qui l'avait captivé ; heureusement que le poisson a mordu à mon amorce et que j'ai réussi à les brouiller ; du reste, le diable y aurait été trompé tant la marquise avait bien arrangé les choses, et tant l'écriture avait été bien contrefaite par moi. Je vous dis tout cela, parce que je vous suppose au courant; la marquise ne vous aurait pas confié ce papier et ne vous aurait pas envoyé ici, si......

— Je suis parfaitement au courant de tout; se hâta de répondre Claude; seulement j'aurais aimé entendre encore une fois le récit contenu dans ce chiffon, car en vérité, c'est très amusant; et j'en rirai de bon cœur.

— Inutile de perdre notre temps; vous connaissez l'histoire; vous savez que la marquise fit écrire au nom de messire Carondelet une lettre à mademoiselle de Leurandex dans laquelle ce dernier lui donnait l'assurance qu'il ne l'aimait pas, que jamais il ne l'épouserait; qu'il désirait que toute liaison soit rompue entre eux, et mille autres jolis compliments de ce genre.

— Ah! que c'est drôle; ricana Claude, dont une pâleur provenant d'une colère concentrée, vint couvrir le visage.

— Ce n'est pas tout; reprit Thévenin; la marquise votre maîtresse dont l'invention en ces sortes de choses est vraiment diabolique, fit écrire une lettre à messire Carondelet, dans laquelle mademoiselle de Leurandex lui donnait congé et le priait de ne plus se présenter chez elle; si bien, que tous deux se brouillèrent ainsi, car l'écriture de l'un et de l'autre était si bien imitée, qu'il était impossible de ne pas y être trompé.

— Parfait! parfait! s'écria Claude, en riant forcément; mais, maître Thévenin, comment la marquise put-elle faire parvenir ces lettres à leur adresse?

— Bah! est-ce qu'une femme comme elle est embarrassée; elle corrompit à prix d'or et de promesses la domestique de la demoiselle en question; ce fut ainsi qu'elle put se procurer les lettres que les deux tourtereaux s'écrivaient, lettres qui servirent de modèle pour en contrefaire l'écriture et leur en adresser d'un tout autre style.

— Misérables! exclama tout bas le domestique d'Aymé, qui était enfin en pleine piste.

— Que dites-vous? demanda Thévenin, qui n'avait pas bien entendu.

— Je dis que si messire Carondelet savait tout cela, il torderait le col au scribe et à la marquise.

— Que voulez-vous; la marquise l'aime avec passion, et vous savez mon cher, que l'amour ne raisonne pas; au reste, elle doit être sa femme à l'heure qu'il est, car la cérémonie était pour dix heures, et il en est actuellement trois de l'après-midi.

— Malheur! malheur! s'écria Claude; ce mariage est impossible; ce mariage ne peut point se faire; ah! j'avais tout oublié........

Et tenant toujours le fragment de lettre accusateur, il s'élança comme un fou dans la rue, et courut à perdre haleine dans la direction de l'hôtel des Carondelet.

Il y arriva hors d'haleine et la tête en feu, mais on lui dit que messire Aymé était actuellement chez madame son épouse la marquise de Vercel.

— Malheur ! cria de nouveau Claude ; et il reprit la direction du logis de la grande dame.

— Le pauvre Claude est fou ; murmurent les gens du logis de son maître ; quelle mouche l'a donc piqué aujourd'hui.

Claude traversa le vestibule, coudoyant et renversant tous ceux qui se trouvaient sur son passage, et comme il allait sans façon pénétrer dans le salon de réception, la porte s'en ouvrit, et il se trouva face-à-face avec son maître dont la figure était triste et sévère.

— Merci ! mon Dieu ; s'écria Claude en lui saisissant convulsivement le bras ; merci ! je le trouve enfin.

— Quelque soit la nouvelle que tu m'apportes mon pauvre Claude, tout est fini à cette heure.

— Venez, venez, il faut que je vous parle à l'instant ; il faut que nous soyons seuls ; cette femme qui est la vôtre maintenant, est un démon ; ah ! si vous saviez tout.

— Silence ! on pourrait t'entendre ; viens dans ce cabinet; là, tu pourras me dire....

— Venez, venez, mon cher maître ; et l'entraînant par le bras, ils pénétrèrent dans une petite pièce isolée dont Claude retira la clef après en avoir soigneusement refermé la porte sur eux.

— Messire, messire, vous êtes trompé ; vous et mademoiselle de Leurandex, êtes trahis ; ah ! je sais tout; j'ai enfin saisi le fil mystérieux qui m'a guidé dans ce dédale d'intrigues, dans ce repaire de faussaires.

— Que dis-tu ? explique-toi, sois bref, il ne faut pas que mon absence soit remarquée.

— Lisez donc.

Et il lui tendit le fragment de lettre brûlée qu'il avait trouvé dans la chambre de mademoiselle Eva.

— Ah ! cette lettre... c'est mon écriture ; cette lettre...

— Lisez; lisez, interrompit sourdement Claude ; lisez, et alors, vous comprendrez.

— Infamie ! infamie ! s'écria Aymé ; mais je n'ai jamais écrit de telles abominations ; mais je n'ai jamais envoyé de pareilles insultes ; ma main se serait refusée à les tracer ; et cependant, c'est bien là mon écriture, et Eva a reçu cette lettre comme venant de moi et elle l'a lue....

Oh ! malheur ! malheur ! à qui l'a écrite; malheur ! à ceux qui se sont ainsi joués de moi et qui se 'sont servi de mon nom pour écrire de telles infamies ; ceux-là, vois-tu, fussent-ils à genoux devant le sanctuaire, fussent-ils au chevet de leur mère mourante, fussent-ils mes hôtes, je les tuerai sans pitié et sans miséricorde.

— Calmez-vous, reprit Claude que la fureur concentrée de son maître épouvantait ; calmez-vous je vous en prie ; les invités remplissent le salon, il faut les recevoir convenablement ; il faut, comme vos ennemis, mettre un masque sur votre visage et il faut que ce masque ait un sourire pour tous.

Ne comprenez-vous pas que la lettre que vous avez-reçue de mademoiselle Eva provient de la même main que celle qui a contrefait celle-ci ; ne comprenez-vous pas que la marquise qui voulait à tout prix vous séparer l'un de l'autre, s'est servi d'un habile faussaire pour contrefaire les écritures, et a acheté Julie à prix d'or pour mieux vous induire tous deux en erreur.

— Es-tu sûr de ce que tu avances ? demanda Aymé dont la figure était décomposée.

— Ce fragment de lettre le prouve, et de plus, j'ai vu celui qui a écrit les lettres ; je lui ai parlé, et il m'a avoué sa complicité avec la marquise.

— Et tu ne l'as pas tué sur place ? dit

Aymé en saisissant frénétiquement le bras de Claude.

— Non, répartit résolument le valet ; je l'ai réservé pour la vengeance d'un être au-dessus de vous ; pour celle de Dieu ; et puis, ne fallait-il pas un témoin capable de confondre la marquise, cette âme damnée.... Pardon, messire, j'oubliais qu'elle porte actuellement le nom des Carondelet.

— Malheureux ! s'écria Aymé, en menaçant son vieux domestique ; ne me rappelle ja-jamais un semblable souvenir si tu tiens à vivre ; cette femme, je la déteste, je l'aborhe, je la méprise ; cette femme, je la donnerai en risée à mes varlets, je la ferai chasser de ma maison comme une éhontée, comme une prostituée de bas étage ; cette femme dont la loi a rivé la vie et le nom à ma vie et à mon nom, je te permets de la souffleter et de lui cracher au visage ; de lui cracher au visage, tu m'entends bien....

Et le malheureux jeune homme se laissant tomber sur un siége, pleura amèrement.

— Du courage, du courage mon pauvre maître, lui dit doucement Claude ; je ne vous quitterai point ainsi ; remettez-vous, on vous cherche sans doute ; reprenez votre visage habituel ; soyez gai, paraissez heureux ; elle serait trop contente si elle voyait que vous souffrez.

— Tu as raison mon pauvre ami ; reprit

Aymé en se levant brusquement ; dussé-je en
mourir, je ne veux pas que ce monstre fémi-
nin put croire que l'ombre d'un chagrin ait
assombri mon visage ; je veux être gai ,
je veux être souriant, je veux l'écraser de
mon mépris ; tu m'aideras à tout cela, n'est-
il pas vrai ? ce soir , je veux avoir une re-
vanche éclatante ; ce soir, je veux qu'à son
tour, elle jette des larmes de sang; or, pour
cela il me faut un homme dévoué ; eh ! bien,
Claude , veux-tu rendre un dernier service
je ne dirai pas à ton maître mais à ton
ami ?

— Parlez , parlez, et quoi qu'il fallut
faire, je vous jure que je l'exécuterai.

— Approche, c'est en secret que je dois
te confier ce qui te reste à faire.

Et pendant près de dix minutes, Aymé
parla à l'oreille de son vieux valet.

— Maintenant, dit tout haut Aymé ; voilà
de l'or ; prend cette bourse et agis ; je compte
sur toi.

— Sur mon salut éternel, je ferai cela ;
répondit Claude.

— Maintenant, de la joie, des rires, des
danses ; reprit son maître ; à cette nuit les
pleurs et les grincements de dents.

Puis ayant composé son visage et rajusté
son costume, Aymé sortit du cabinet avec

Claude et rentra au salon rejoindre la noble compagnie qui commençait à trouver son absence un peu longue sinon bien étrange.

Le morceau de la lettre adressée soi disant par lui, à mademoiselle de Leurandex, était soigneusement caché dans une de ses poches,

— Madame, dit-il à la marquise son épouse en s'approchant gracieusement d'elle, vous serait-il agréable de danser ensemble un menuet, afin de donner l'exemple à nos aimables invités ?

— N'êtes vous pas mon cher seigneur et maître ; répondit la marquise avec un sourire fin et gracieux ; et à ce titre, ne vous dois-je pas obéissance ?

Et le bal commença immédiatement, mais nul, n'eut pu se douter qu'au milieu de ce tourbillon joyeux emporté par l'amour de la danse et les accords excitants de l'orchestre; qu'au milieu de ces lustres étincelants de bougies et de ces guirlandes de fleurs parfumées, un sentiment de haine et de vengeance profondes y rampait comme un serpent qui se glisse parmi des gazons fleuris et riants, et qu'aux airs gracieux des flûtes et des hautbois, de sourds cris de rage venaient se mêler parfois, comme les râles d'un démon aux concerts des anges.

Claude ne reparut point dans la soirée.

Lorsque deux heures du matin sonnèrent

à la massive pendule du logis, chacun des invités fit une gracieuse révérence et se retira. Peu à peu, le calme le plus profond vint remplacer le tumulte du bal ; Aymé, la marquise, ainsi que ses deux chambrières, se trouvèrent seuls alors, dans le salon.

Aymé, étendu plutôt qu'assis dans un fauteuil en tapisserie, semblait soucieux ; le moindre bruit du dehors le faisait tressaillir, et il se dressait sur son séant comme s'il eût été secoué par une violente commotion électrique.

De son côté, la marquise de Vercel semblait inquiète ; on eût dit qu'elle flairait un danger prochain inévitable, mais sans pouvoir deviner de quel côté l'orage devait arriver.

Habile à dissimuler, son visage était souriant, et elle causait très amicalement à ses filles de service qui déjà, lui retiraient ses bijoux et ses atours de mariée, afin de la conduire après, dans la chambre nuptiale.

Tout-à-coup, un bruit de pas réguliers et cadencés se fit entendre au dehors ; la porte du logis donnant sur la rue s'ouvrit et se referma vivement ; le même bruit plus rapproché sembla partir de l'escalier principal, puis, tout cessa comme par enchantement.

— Ce sont mes gens qui rentrent afin de se mettre à ma disposition, se hâta de dire Aymé, afin de calmer la marquise qui paraissait inquiète; n'ayez donc nulle crainte, et renvoyez ces deux filles, afin que nous pussions causer seuls un instant, car depuis ce matin, je n'ai encore pu vous adresser une seule parole.

Rassurée par ce début, la marquise jeta une mantille sur ses épaules et donna ordre à ses femmes de chambre de se retirer.

— Vous avez ardemment désiré ce jour, n'est-il pas vrai, demanda Aymé à sa femme; maintenant qu'il est arrivé, n'avez-vous plus rien à souhaiter ?

— Mais cher sire, répondit madame Carondelet que nous continuerons à appeler la marquise, ne savez-vous pas que je vous aimais…,..

— Assez, assez, madame, répliqua vivement Aymé, qui ne pouvait se contenir davantage; vous m'aimiez; soit, je vous l'accorde; mais vous m'aimiez comme la prostituée; comme la fille folle de son corps, aime le chaland éhonté qui se présente chez elle; vous m'aimiez par cupidité, par intérêt, ou par amour de la possession; par instinct de débauche, et pour assouvir vos lubriques désirs, vos caprices d'un moment; n'est-il pas vrai madame ?

— Monsieur ! s'écria la marquise qui bondit comme une tigresse blessée; et elle s'élança vers la sonnette de service pour appeler; mais sa main en chercha vainement le cordon; il avait été coupé.

Alors, cette femme sentit un frisson parcourir son corps et la pâleur se répandre sur son visage ; elle devina qu'un drame au dénouement inconnu allait se jouer dans cette salle, et elle accepta résolûment le rôle qu'elle devait forcément y jouer.

— Ainsi, monsieur ; tout avait été calculé froidement et d'avance par vous ; je ne suis plus ici, la marquise de Carondelet, mais une femme attirée dans un infâme guet-à-pens, et insultée impunément dans sa propre demeure ?

— Silence ! madame, répondit sourdement Aymé, dont la figure était effrayante d'énergique et sombre résolution ; les gens de cœur ont seuls, le droit d'accuser ; vous, vous avez non pas à vous défendre, mais à accepter la punition qui vous sera infligée.

— Que voulez-vous dire ? reprit la marquise d'une voix presque sifflante, tant la colère la suffoquait.

— Asseyez-vous, madame, je vous le permets ; nous allons causer ensemble ; ne faut-il pas employer notre nuit de noces ; que vous en semble ?

— Vous êtes un lâche ! lui cria-t-elle en serrant les poings.

— Si je vous avais tuée sur place comme j'eusse pu le faire, oui, j'aurais été un lâche ; mais j'ai voulu vous donner l'occasion et le temps de vous repentir ; j'ai voulu.,...

— Me repentir ! s'écria la marquise ; eh ! de quoi donc, monsieur, si ce n'est de vous avoir trop aimé ?

— Ne m'interrompez pas, madame, car le temps fuit, et il me reste encore bien des choses à faire.

Vous me demandez, jé crois, de quoi vous auriez à vous repentir ; ainsi donc, vous n'avouez rien ; ainsi donc, votre conscience ne vous reproche rien ; quoi ! pas un remords, pas le moindre sentiment de pitié ne s'éveille en vous en ce moment ?

Ecoutez : Un homme et une jeune fille s'aimaient saintement et chastement tous deux ; pour leur malheur, une femme de haut nom emportée par son ambition et sa passion honteuse pour lui, mit tout en œuvre pour entraver cet amour si pur, que les anges eussent pu regarder sans rougir ; elle ne recula pas devant un crime que les lois divines et humaines punissent avec la dernière sévérité ; cette femme titrée, cette femme du monde, savez-vous ce qu'elle fit, pour arriver à ses fins ? savez-vous ce qu'elle fit, pour désunir ces deux cœurs, et briser à jamais le bonheur de tous deux en ce monde ; le savez-vous ; dites, répondez ?...

— Non, non, répondit la marquise haletante et pâle comme une morte.

— Eh ! bien, cette infâme créature se fit faussaire.

— Ah! cela n'est pas; s'écria t-elle en faisant malgré elle un bond en avant.

— Vous connaissez donc cette personne madame, puisque vous prenez si chaudement sa défense en affirmant que cela n'est pas?

— Il est inutile de jouer plus longtemps cette stupide comédie; laissez-moi sortir monsieur; laissez-moi quitter cette maison et surtout ce pays dans lequel je n'aurais jamais dû paraître; puissiez-vous ne pas vous repentir un jour, d'avoir insulté votre propre femme car, monsieur, vous avez beau faire je la suis pour toujours.

— Vous, madame, vous êtes mon mauvais génie; vous êtes un être que je méprise, que je déteste et plutôt que ma langue vous donne jamais ce titre, je préférerais la couper avec mes dents et vous la cracher à la face.

Ah! vous avez joint à la souplesse et à la traîtrise du serpent, la férocité du tigre; vous n'avez pas même su avoir le courage du lion, et vous vous êtes laissée envelopper dans vos propres filets.

Ma femme! mais c'est la plus grossière insulte que vous pussiez me jeter à la face que ce nom; mais je n'ai rien promis, rien juré, et quand il serait certain que ce lien fût sacré et valable, je vous fuirais comme on fuit un reptile dangereux; je mettrais entre vous et moi, l'immensité des mers s'il le fallait; d'ailleurs, qui oserait m'intimer l'ordre de vivre côte-à-côte avec une femme perdue de mœurs, qui dit-on, a fait tuer son premier mari dans un duel.....

— Monsieur ! s'écria la marquise dont le visage était enflammé et les gestes menaçants.

— Avec une faussaire ! cria Aymé avec une explosion dans la voix.

— Vous mentez ! s'écria-t-elle hors d'elle-même; vous mentez ! Comment ! il ne se trouvera donc personne ici, pour prendre la défense d'une femme qu'on outrage; ah ! vous êtes un lâche, marquis de Carondelet; je vous appelle marquis, parce que ce titre c'est de moi que vous le tenez ; c'est moi, entendez-vous bien ; c'est moi qui vous l'ai donné, qui vous en ai fait l'aumône !

A ces paroles, Carondelet se dressa de toute sa hauteur, marcha droit à la marquise comme devait marcher la statue de pierre du commandeur dans Don-Juan, puis, saisissant dans sa main de fer, le poignet délicat de cette femme, et le lui serrant à la faire crier, il lui dit d'une voix rauque :

— Votre marquisat est un titre volé que je récuse ; votre marquisat est un déshonneur que je secoue, et j'aurais soin de laver la place où il s'est posé s'il était possible de le faire. Or, don pour don ; en échange de votre couronne à fleurons que je renie et laisse tomber dans la boue où vous l'avez traînée, je vous donne cette lettre.

Et il tendit à la marquise le fragment de papier à demi-brûlé, trouvé par Claude.

Le visage de cette femme exprima un léger mouvement de surprise et presque de déception qui échappa à Aymé, tant il fut rapide.

Faisant un geste de dédain, elle reprit d'un ton ironique :

La comédie est parfaitement jouée, monsieur; seulement, ce ne sont pas les véritables acteurs qui en remplissent les rôles ; quelles sont les raisons qui vous autorisent à me supposer l'auteur de cette lettre que vous reniez sans doute ?

— Vous venez précisément d'énoncer la principale ; c'est que je ne suis point l'auteur de cet écrit insultant; de cette lettre, qui est indigne d'un galant homme.

— Eh ! monsieur, je ne fais pas comme vous ; je n'affirme pas que vous en soyiez l'auteur, comme vous me le reprochez ; qui me dit, qu'un de vos domestiques, un de vos proches par exemple, ne l'ait point fabriquée ; vous n'ignorez pas que monsieur votre oncle était on ne peut plus opposé à cette union ; il se peut qu'au moyen d'une somme assez ronde, il ait acheté la science d'un homme apte à ces sortes de choses, et...

— Vous vous embourbez singulièrement, madame, répondit Carondelet en laissant échapper un rire sardonique; mais vous savez parfaitement que par une circonstance que je ne rappellerai point ici, la volonté de messire mon oncle et tuteur était parfaitement subordonnée à la votre; vous savez fort bien que l'union maudite que j'ai contractée aujourd'hui, a été consentie volontairement par moi, et que mon oncle est incapable d'une action aussi infâme; quant à mes gens, aucun d'eux, ne serait apte à une contrefaçon aussi infernalement parfaite.

— Vous oubliez, monsieur, répondit la marquise sur le ton d'un insultant persiflage, que ce ne serait pas la première fois que votre oncle aurait commis semblable peccadille; si je ne lui eusse remis certains papiers ainsi que cela avait été convenu lors de votre mariage, j'aurais pu vous le prouver les pièces en main.

— Vous n'insulterez pas impunément le frère de mon père devant moi; ce qu'il a pu faire par excès d'amour, vous, madame, vous l'avez fait par excès de haine, par soif de vengeance; voilà pourquoi vous êtes une misérable créature.

Assez monsieur; je ne souffrirai pas plus longtemps vos insultes; vous êtes chez moi; sortez !

Et d'un geste majestueux elle lui désigna la porte du salon.

Aymé marcha droit à elle, et la regardant en face :

— Chez vous ! chez vous ; savez-vous où est le domicile des faussaires de votre espèce ? il est au pilori ; il est dans la logette du bourreau. Ah ! vous avez cru que vous ne lasseriez jamais la Providence ; vous avez cru que vous ne feriez jamais naufrage dans la mer du crime sur laquelle vous naviguez depuis si longtemps ? vous vous êtes trompée ; écoutez ! cette heure qui sonne au beffroi de la ville, cette heure, c'est celle de votre honte si vous en avez encore ; cette heure, c'est celle de votre déshonneur si vous pouvez encore être déshonorée ; cette heure enfin, c'est celle de ma délivrance. Oh ! merci, mon Dieu ; merci ! Eva de Leurandex tu vas être vengée.

Et sans attendre la réponse de sa femme qui reculait épouvantée devant le sinistre éclat qui s'échappait des yeux de son mari, Aymé frappa fortement dans ses mains.

A ce signal, une porte latérale s'ouvrit vivement, et quatre nouveaux individus firent irruption dans la salle.

C'étaient Claude, le domestique d'Aymé, puis le scribe Thévenin bâillonné et garotté, porté plutôt que conduit par deux autres hommes.

A cette vue, la marquise se trahit, en laissant échapper un cri de désespoir.

— Vous commencez à comprendre madame, lui dit Carondelet en ricanant ; patience; nous n'avons pas encore commencé.

— Rendez libre cet homme; commenda-t-il;
puis saisissant une dague posée sur la table
et la tendant à Claude : — S'il refuse de
parler où s'il ne dit pas toute la vérité , tue
le comme un chien.

Claude fit un signe de tête pour preuve
d'obéissance.

— Connais tu ces lettres ? demanda Aymé,
en présentant au scribe qui était plus mort
que vif, le fragment de la lettre d'Eva qu'il
avait sauvé du foyer et celle trouvé par
Claude, dans la chambre de cette dernière.

— Oui, répondit Thévenin, d'un son de
voix étouffée.

— Qui les a écrites ?

Le scribe hésita à répondre.

— Vingt pièces d'or pour toi, et l'impunité si tu parles; une mort inévitable et sans
appel, si tu ne dis pas la vérité toute entière.

— C'est moi, articula le malheureux.

— Qui t'a procuré les moyens nécessaires
pour ce, et qui t'a commandé ce travail ?

— Madame ici présente.

— Combien as-tu reçu pour cela et comment t'y es-tu pris?

— Madame m'a remis trois pièces d'or et
deux lettres; une du jeune homme, et une
de la jeune fille, qui m'ont servi de modèles
pour en contrefaire l'écriture.

— Qu'avez-vous à répondre, madame ? demanda Carondelet en s'adressant à la marquise.

— Rien, monsieur ; je ne m'abaisserai pas à discuter avec de semblables gens, gens qui vous sont vendus afin de me perdre.

— Tu entends ce que dit cette femme ? dit-il à Thévenin ; qu'as tu à répondre ?

— Cette femme ment ; c'est bien elle qui est venue dans mon échoppe ; c'est bien elle, qui m'a remis deux lettres qu'elle avait interceptées, m'alléguant mille bonnes raisons pour excuser ce qu'elle allait me faire faire.

— Ainsi, c'est bien toi qui as écrit les lettres dont tu vois les débris, et c'est bien cette femme qui te les a dictées.

— Sur le salut de mon âme, je le jure !

— Et c'est à elle que tu les as remises contre trois écus d'or ?

— Oui.

— Mais défendez-vous donc, misérable femme que vous êtes ; s'écria Aymé, que le silence de la marquise exaspérait ; mais répondez-donc !

— Je vous haïs ! s'écria-t-elle avec une explosion de rage difficile à décrire.

— Approchez, commanda froidement Carondelet aux quatre hommes qui étaient là, soyez témoins de ce qui va se passer, puis partez ensuite, après avoir pris cet or que je vous donne.

Et leur jetant sa bourse, il s'avança lentement en face de la marquise, puis, lorsque son visage fut arrivé presque contre le sien, il lui cracha à la face.

La marquise poussa un rugissement étouffé, et tomba évanouie sur le parquet.

A ce spectacle imprévu, les trois hommes qui avaient ramassé la bourse s'étaient enfuis; Claude seul, était debout attendant son maître.

— Partons! lui dit ce dernier; toi, tu vas rentrer dans le monde; moi, il ne me reste plus que l'exil.

— Je vous suivrai partout; répondit Claude en pleurant

Et tous deux s'éloignèrent, sans jeter un regard sur celle qui gisait à terre.

Au bruit que fit le corps de la marquise en tombant sur le parquet, aux sourds éclats des voix qui arrivaient en s'affaiblissant jusqu'à elles, les deux malheureuses filles de service s'étaient blotties toutes tremblantes dans un des coins du cabinet où elles s'étaient ré- léguées, et là, dans un état d'anxiété difficile à exprimer, elles attendaient le dénouement de la scène terrible qui se passait au salon, scène que leur prescience leur faisait deviner.

Ayant entendu fermer les portes donnant sur la rue, et n'entendant plus aucun bruit au-dedans, elles se hasardèrent à entrer dans le salon, et là, elles trouvèrent le corps de la marquise qui gisait toujours à la même place.

Effrayées au-delà de toute expression, elles crurent d'abord à un assassinat, et reculèrent épouvantées ; mais à un léger mouvement qu'elles crurent remarquer dans le corps de madame Carondelet, elles se décidèrent à lui porter du secours, et la transportèrent sur un lit de repos qui se trouvait dans la chambre à côté.

Après lui avoir fait respirer des sels et odeurs, la marquise reprit l'usage de ses sens, mais ce fut pour tomber peu après dans de violentes convulsions qui se terminèrent par un déluge de larmes amères.

— Parti ! s'écria-t-elle, au bout de quelques instants ; parti ! et maintenant, je suis seule, maudite, et déshonorée ; parti ! et je ne puis me venger.

Ah ! l'infâme ; je me rappelle à présent qu'il m'a lâchement craché à la face, et cela, devant témoins ; mais, c'est à en devenir folle ; mais, c'est à vendre son corps et son âme, pour se procurer les moyens de se venger.

Tout ce monologue était débité avec une rapidité fébrile, devant les deux femmes de service qui, n'y comprenant rien, crurent que leur maîtresse était folle, et l'une d'elle alla de son propre chef, quérir un médecin, afin de lui faire part de l'état dans lequel se trouvait sa maîtresse.

Tout à coup, la marquise sortit de son abattement, se dressa comme un serpent qui s'apprête à mordre, et sonna fortement.

La fille de service qui était restée seule à la maison entra vivement.

— Qu'on m'habille; je veux sortir; commanda-t-elle.

— Madame veut sortir; exclama la servante; mais juste ciel, madame ignore donc l'heure qu'il est?...

— Que m'importe l'heure; je veux partir; ce lieu m'est odieux; il faut que je sache....

— Mais il n'est que cinq heures du matin; où donc pourriez vous aller?

— Pas d'observations, s'écria la marquise en frappant du pied; il vous sied bien, de me faire des observations; habillez-moi promptement, sinon, je vous chasse hors d'ici.

La pauvre fille de service se résigna à commencer la toilette de madame Carondedelet, et elle était au plus fort de cette besogne, lorsque l'autre domestique entra suivie du médecin.

— Que me veut-on? demanda la maîtresse du lieu, d'un ton brusque et quasi courroucé.

— Mon Dieu, j'amène un médecin; madame était si mal ce matin.....

— Pécore que vous êtes ; il vous sied bien d'avoir l'imprudence de dire que j'étais malade ; qui vous a mis semblable idée en tête ; répondez ?

— Madame ne se rappelle donc de rien ? murmura la fille qui était on ne peut plus stupéfaite ; mais nous l'avons trouvée.....

— Sortez, insolente ; sortez de devant mes yeux ; ah ! je serai donc contredite face à face et dans ma propre maison, par des domestiques, par des gens de rien ; sortez, sortez, vous dis-je, et renvoyez votre médecin à l'endroit d'où vous avez eu la sottise de le faire venir.

La pauvre fille toute confuse et interdite se retira la tête basse, pensant avec juste raison que sa maîtresse devait avoir perdu la tête, et cherchant avec effroi la manière qu'elle devait prendre pour congédier poliment le médecin qu'elle avait si légèrement amené.

Une fois habillée la marquise descendit résolument l'escalier dérobé qui conduisait dans les cours, puis, s'élança dans la rue, et se dirigea dans la direction de l'hôtel Carondelet.

Y étant entrée, elle sonna fortement à la porte du grand vestibule et attendit.

Au bout de quelques minutes, un domestique encore à demi endormi vint tirer le verrou et ouvrir.

— Messire Claude Carondelet ? demanda-t-elle.

— Monsieur est encore au lit ; répondit le valet, et je ne sais s'il pourra vous recevoir.

— Il faut absolument que je le voie ; absolument ; entends-tu ?

— Alors, je vais prévenir monsieur.

Au bout d'un instant le valet revint.

— Messire Carondelet vous attend, madame, lui dit-il.

La marquise suivit le domestique et disparut dans les profondeurs de l'édifice.

Claude Carondelet eût voulu pour tout au monde éviter l'entrevue demandée ; mais il n'y avait pas moyen de reculer et force lui fût de subir cette visite.

Ayant composé au hasard son visage, il s'assit et attendit avec assez de bravoure le premier choc de la marquise.

Quand cette dernière entra, elle referma la porte sur elle avec une telle violence, que les vitres de la chambre en furent ébranlées et que Carondelet ne put réprimer un soubresaut.

— Monsieur, s'écria-t-elle, en entrant ; vous ne sortirez d'ici, ni vous ni moi, avant qu'une explication ait eu lieu entre nous.

Vous ne sortirez pas d'ici avant que vous ne m'ayez expliqué le rôle que vous avez joué dans l'ignoble comédie de cette nuit, ou plutôt que je sache quel est celui qu'on prétend me faire jouer.

Ah ! on n'a pas craint de me fouler aux pieds, de m'insulter et de me cracher à la face, moi, une femme ! et cela s'est passé chez moi ; mais répondez donc monsieur ; répondez ; vous voyez que j'attends ?

— Mais madame, en vérité ! j'ignore ce qui s'est passé à votre domicile, et si je suis étonné d'une chose, c'est de vous voir chez moi aussi matin.

Et Claude Carondelet disait vrai ; il ne savait rien.

— Ah ! vous ne savez rien ! s'écria la marquise que le sang-froid de l'oncle exaspérait ; ah ! vous ne savez pas que j'ai été honnie, insultée ignoblement ; que l'on m'a craché à la face ; oui, craché à la face ; entendez-vous ?

Et la figure rouge de honte, les yeux étincelants de fureur, elle saisit Claude Carondelet par le poignet, et le secoua violemment.

— Madame, s'écria Claude en se levant ; je ne saurais supporter plus longtemps les ennuis d'une telle comédie ; vous avez épousé mon neveu, vous avez obtenu ce que vous désiriez, vous avez obtenu ce que vous m'avez vendu au prix de certaines conditions ; que voulez-vous de plus ?

Rentrez donc chez vous, et tâchez de conserver votre tranquilité tout en la procurant aux autres.

Et l'ex-ambassadeur se leva pour sortir.

Mais madame Carondelet se jeta au-devant de lui comme une panthère et lui barra le passage.

— Vous ne sortirez d'ici, monsieur, qu'après m'avoir fait rendre justice et m'avoir fait amende honorable ; ah ! vous avez cru que je serais la patiente victime du guet-apens organisé entre vous et monsieur votre neveu ? vous avez cru que je serais muette?.. ah ! vous vous êtes trompé, monsieur ; nous sommes en famille, j'ai le droit de parler et j'en userai ; je crierai sur les toits, que les Carondelet sont des lâches qui ne s'attaquent qu'à l'honneur des femmes ; je crierai dans la rue que les Carondelet sont des infâmes ; des infâmes entendez-vous bien ; l'un, a volé l'honneur d'une femme qui l'aimait, au moyen de faux papiers, et l'autre, le digne neveu de celui dont je parle, a trouvé plus commode de la repousser du pied, et de lui cracher à la face devant toute sa valetaille assemblée.

Mais qu'il vienne donc ; car il s'est sans doute réfugié ici ; qu'il vienne donc, me dire que j'ai menti.

Et la douleur ayant atteint son paroxisme, la marquise fondit en larmes, et se laissa tomber sur un fauteuil.

Emu d'une douleur aussi profonde, Claude s'approcha d'elle.

— Ne me touchez pas ! ne me touchez pas, s'écria la marquise ; laissez-moi seule ; je préfère la solitude à votre vue.

— Je vous jure, madame, reprit gravement Claude Carondelet, que depuis la cérémonie du mariage je n'ai pas revu Aymé, et que j'ignore complétement ce qu'il est devenu.

La vérité perçait tellement dans cette affirmation, que la marquise se sentit convaincue.

— Ainsi, vous ne saviez rien ? ainsi, messire Aymé n'est point actuellement dans cette maison. et vous ne l'avez pas revu depuis hier ?

— Non madame, répondit l'ex-ambassadeur ; et cela, encore une fois, je vous l'affirme.

— Bien, dit-elle en se levant ; alors, je sais ce qui me reste à faire.

Et sans dire un mot d'adieu à Claude Carondelet, elle rajusta sa robe, ses basques et sa coiffure, puis sortit.

Claude stupéfait hésita un instant sur la conduite qu'il devait tenir, mais cette hésitation fût de courte durée.

— Que diable signifie tout-cela ! exclama-t-il tout bas ; voyons, il faut que j'éclaircisse tout cela.

Et il sonna un domestique.

— Je sors pour quelques heures ; dit il à ce dernier ; je ne rentrerai que pour dîner.

Claude Carondelet se précipita sur les traces de la marquise et parvint presque en même temps qu'elle à son hôtel.

Mais en y arrivant, il fut frappé du va et vient inquiet et empressé des gens de service

— Qu'y a-t-il donc? demanda-t-il, d'une voix que l'émotion rendait tremblante, à l'une des filles de service.

— Ah! monsieur, répondit-elle; il y a, que madame vient d'arriver dans un tel état de surexcitation, qu'elle est tombée de pâmoison sur le parquet, et que, non sans de grands efforts, nous avons eu beaucoup de peine à la mettre au lit, où elle est en ce moment avec une grande fièvre.

— Conduisez-moi sur le champ auprès d'elle, reprit Claude; il faut absolument que je lui parle.

La chambrière s'empressa d'accéder au vœu de messire l'oncle, et à son entrée dans la chambre à coucher, il resta frappé de stupeur à la vue du spectacle qui s'offrit à ses yeux.

La marquise était couchée sur son lit, l'œil fixe brillant, et hagard.

Sa figure enflammée, vultueuse, et ses traits rigides annonçaient qu'il allait se développer une maladie des plus graves, dont les premiers symptômes n'allaient pas tarder à éclater.

— Allez à la hâte chercher un médecin;

commanda Carondelet à la vue du danger que courait la marquise, ne perdez pas de temps, et surtout, ne revenez pas sans en amener un, quel qu'il soit.

La chambrière partit en toute hâte ; Claude s'approcha du lit de la marquise, lui prit la main et l'appela ; mais il n'obtint aucune réponse.

Il se pencha sur elle, et écouta le bruit de sa respiration qui était haletante et précipitée ; là, presque face à face, il l'appela une seconde fois, mais nulle réponse ne se fit entendre ; pas une fibre du visage ne témoigna par le plus léger mouvement qu'elle ait eu perception de sa voix.

Claude laissa échapper un geste désespéré.

— Cette femme est perdue ; murmura-t-il ; une congestion cérébrale est imminente ; ce médecin n'arrivera donc pas.

Enfin, peu après, des pas précipités se firent entendre et le physicien tant désiré fut introduit.

— Arrivez, arrivez, lui cria Carondelet ; examinez attentivement cette dame, et voyez ce qu'il convient de faire.

Le physicien ou médecin, s'approcha grâvement de la malade, lui tâta le pouls, examina la face de madame Carondelet, puis, sans dire un mot, tira une lancette de sa trousse et ouvrit une des veines du pied.

— Apportez de l'eau chaude dans une bassine ; commanda-t-il.

Dès qu'elle fut arrivée, il plaça le pied dans l'eau, et le sang coula en abondance.

Au bout de quelques minutes, la marquise poussa un ou deux soupirs, et murmura quelques paroles.

Le physicien faisant tenir le pied par une des chambrières se pencha sur la malade et écouta ; Claude Carondelet fit de même.

Mais bientôt le physicien secoua la tête, et dit tout bas à l'ex-ambassadeur :

— Madame divague ; elle a le délire ; si d'ici une demi-heure il ne cesse pas, tout secours est inutile ; vous ferez venir le prêtre qui l'absoudra sous condition ; car alors, elle sera perdue.

Les deux chambrières se mirent à pousser des cris à demi étouffés.

— Silence ! silence ! leur cria sourdement Carondelet ; ne voyez-vous pas que vous tuez votre maîtresse au reste.

Les deux pauvres filles se turent ; le physicien s'assit près du lit dans un fauteuil sans cesser d'étudier l'état du pouls.

Le sang coulait toujours, et l'eau de la bassine s'en saturait largement.

Tout-à-coup la marquise essaya de se soulever, et darda ses regards ardents, sur ceux qui l'entouraient.

— Que voulez-vous ? qui êtes-vous ? leur dit-elle : ah ! je vous connais ; c'est lui qui vous a envoyés n'est-ce pas ? ah ! la lettre,

la lettre, il l'a..... ah! je vous hais!....
Ecoutez! le voici, c'est lui; lui qui m'a craché à la face comme à une servante; ah!
mademoiselle; vous avez cherché à m'enlever
mon amant.... ah!....

Et renversant sa tête en arrière, la marquise poussa un éclat de rire strident et mé-
tallique, qui faisait mal à ouïr.

Le physicien hocha de nouveau la tête. —
Nul pouvoir humain ne peut sauver cette
femme murmura-t-il; et il se retira.

— Vous ne nous laisserez pas ainsi; s'é-
cria Carondelet, en cherchant à le retenir;
que voulez-vous que nous fassions!

— Ce que je veux que vous fassiez, dit
grâvement le physicien; je veux que vous
alliez quérir un prêtre; sauvez l'âme, car le
corps est perdu.

Et il sortit d'un pas grâve, après avoir fait
un salut plus grâve encore.

Alors, les cris des deux chambrières de-
vinrent si intolérables, que Claude Carondelet fut obligé d'en pousser une dehors de
la pièce, tandis qu'il envoyait l'autre, quérir l'archidiacre.

Au bout d'un quart d'heure environ, ce
dignitaire ecclésiastique arriva.

Il s'approcha de la malade dont le délire
ne faisait qu'augmenter.

Comme le médecin, il hocha la tête; mais
cependant il s'agenouilla au pied du lit

pria un instant, puis fit signe à tout le monde de sortir.

Resté seul avec la marquise, ce fut en vain, qu'il chercha à en obtenir un signe ou une parole ; tous ses efforts furent inutiles. Voyant ce, il lui donna l'absolution sous condition.

Comme le prêtre sortait, il se rencontra avec Claude Carondelet dans l'antichambre qui donnait entrée dans le salon.

— Eh bien ! demanda anxieusement l'ex-ambassadeur au dignitaire ecclésiastique.

— Madame est très mal ; à moins d'un miracle, il est impossible de la sauver ; cependant, Dieu est grand ; je prierai pour elle.

— Faites, mon père, et que le ciel vous récompense d'un tel dévouement.

Lorsque l'archidiacre fût dehors, messire Claude Carondelet qui l'avait accompagné jusqu'au perron, le salua de nouveau et rentra dans la maison.

Il revint s'asseoir près du lit de la marquise, et saisit sa main.

Cette main était brûlante.

Il lui adressa la parole de nouveau et à plusieurs reprises, mais ce fut vainement.

Madame Carondelet était toujours plongée dans un délire qui se traduisait par des phrases incohérentes et bizarres, dans lesquelles on ne pouvait découvrir aucun sens.

Excessivement tourmenté, Claude Carondelet se borna en attendant l'arrivée d'un autre médecin qu'il avait envoyé chercher, à couvrir de compresses imbibées d'eau fraîche le front de la marquise.

Lorsque la nuit fut venue, Claude qui n'avait rien pris depuis le matin, demanda un potage, et envoya quérir un de ses domestiques. Quand ce dernier arriva, messire Carondelet lui communiqua ses instructions.

— Demain, au point du jour, tu vas monter à cheval, lui dit-il ; et coûte que coûte, il faut absolument que tu aies des nouvelles de mon neveu, ou que tu le ramènes ici, si faire se peut ; car sa femme se meurt.

Puis il congédia le valet, et revint s'asseoir près du chevet de la mourante.

Une demi-heure s'écoula ainsi.

Au bout de ce temps, deux nouveaux médecins se présentèrent, et comme le premier, examinèrent minutieusement la malade.

Le cas est grâve ; murmura l'un d'eux ; qu'en dites vous ? demanda-t-il à son confrère qui, plus âgé que lui, se tenait au chevet du lit.

— Je dis, répliqua-t-il sententieusement, qu'il faut agir doucement et prudemment, si l'on ne veut qu'une trop vive réaction n'achève de briser ce qui reste de vie ; il faut dégager le cerveau en stimulant fortement les parties inférieures, et en même temps, fortifier l'estomac au moyen de cordiaux administrés à faibles doses souvent répétées.

— Ordonnez donc, maître, repartit le plus jeune ; je vais écrire l'ordonnance.

Et prenant un carré de vélin, il ouvrit l'écritoire de corne suspendu à son côté, tira une plume et attendit.

Pendant ce, Claude Carondelet alla s'enquérir des filles de service et leur enjoignit de veiller à tour de rôle auprès de la malade, tout en suivant exactement les indications que le médecin prescrirait de remplir, et dès que le traitement fut commencé et qu'elles surent bien ce qu'elles avaient à faire, l'ex-ambassadeur regagna son hôtel afin d'y prendre un peu de repos, non sans avoir recommandé de ne pas manquer de l'envoyer quérir, si quelque chose d'extraordinaire venait à se présenter pendant la nuit.

Revenons maintenant à Aymé.

Toujours suivi de son fidèle domestique, il avait traversé le midi de la France à petites journées, et s'était dirigé sur Marseille.

Arrivé dans cette ville, il descendit à l'hôtel du Pot d'étain, s'y fit donner une chambre, et le même soir, eut avec son valet Claude, la conversation suivante :

— Claude, je suis content de tes services,

aussi, ai-je résolu de t'en récompenser géné-
reusement, en te laissant une somme qui te
mettra à même de vivre tranquillement.

— Messire, répliqua Claude tout ému ; je
ne pensais pas avoir démérité à ce point ;
avez-vous donc renoncé à vous servir doré-
navant de moi ?

— Non Claude ; je ne te congédie qu'à
regret ; mais vois-tu, la vie m'est à charge et
la France me rappelle de trop douloureux
souvenirs ; je vais demander à ce monde
nouvellement découvert par Colomb, l'oubli
du passé et la mort peut-être. Il n'est donc
pas juste, que je te fasse partager des périls
que je dois seul courir, et que je t'enlève à
ta patrie.

Retourne donc en arrière, mon pauvre
Claude ; voici une somme qui t'est destinée ;
prends la, et puisse le ciel t'accorder une
vie plus heureuse que ne l'a été la mienne
qui, maintenant, est brisée pour jamais.

Pour toute réponse, le vieux domestique
jeta la bourse à terre, croisa ses bras sur sa
poitrine, et regarda fixement son maître.

— Ai-je donc assez démérité, pour que je
sois renvoyé comme une bouche inutile, et le
vieux Claude ira-t-il manger tranquillement
le pain qui lui est offert aussi généreuse-
ment, tandis que son maître ira seul, et à
l'aventure sur une terre étrangère ?

— Mais, mon bon Claude, tu ne réfléchis

pas à la longueur, aux dangers, et aux fatigues d'un tel voyage ; ton courage est plus grand que tes forces.

— Maître, je serai votre chien fidèle ; où vous irez, j'irai ; où vous mourrez, je mourrai également.

Si vous refusez mes services, si vous vous opposez à ce que je vous suive, le jour où le vaisseau vous emportera dans ces régions inconnues, votre ancien serviteur se précipitera dans la mer, et vous seul, vous seul, entendez-vous bien, serez cause de sa mort.

Et quelques larmes s'échappèrent des yeux du pauvre Claude.

Touché d'un tel dévouement, Aymé malgré la distance de rang qui le séparait de cet homme, lui serra vivement la main.

— Eh bien ! j'accepte ; lui dit-il avec effusion ; nous vivrons et mourrons ensemble ; tu me suivras.

— Merci ! merci ! pour ces bonnes paroles ; c'est une des plus grandes joies que j'aie éprouvé de ma vie ; je puis donc compter sur vous ?

— Oui, prépare toi à embarquer ce soir, car demain nous mettons à la voile.

Le lendemain, le vaisseau espagnol l'*Espérance*, fuyait à pleines voiles dans la direction de ce nouveau monde découvert par Colomb, et qui, par une dérision du sort, n'a pas même gardé son nom, puisque celui de l'aventurier Améric Vespuce qui n'y vint que longtemps après, lui est resté encore aujourd'hui.

Pendant huit jours, la marquise lutta contre la maladie, et grâce à la force de son tempérament, ainsi qu'au peu de remèdes qu'elle voulut prendre, elle revint à un état meilleur, qui n'offrit bientôt plus d'inquiétude.

Peu après, la convalescence s'établit assez rapidement, et elle finit par reprendre son train de vie habituel.

Seulement, une grande tristesse lui était restée et depuis, nul ne put se flatter de l'avoir vu sourire.

Quelque temps après, les passants furent fort étonnés de voir les portes et les volets de l'hôtel de la marquise complètement fermés; on crut d'abord qu'elle s'était retirée à la campagne, afin d'y rétablir sa santé; mais les commentaires n'eurent plus de fin, lorsque longtemps après, le même état de choses durait encore.

Les uns disaient qu'elle avait quitté le pays; d'autres, qu'elle était devenue folle et qu'on l'avait conduite dans une autre localité; l'ex-ambassadeur seul, aurait pu dire ce qu'elle était devenue.

Enfin, un jour des gens bien informés, assurèrent que la marquise de Carondelet avait pris le voile à l'abbaye des Bernardines, et prononcé ses vœux, ce qui était vrai.

Brisée par tant de secousses morales et physiques, la marquise qui savait que jamais elle ne reverrait son mari et qu'il lui était désormais impossible de renouer aucune relation avec lui, s'était décidée à se vouer à Dieu, tant par dégoût du monde et par chagrin, que pour expier la faute qu'elle avait commise. Après avoir consulté l'archidiacre, elle fit vendre son ameublement, et en donna le prix, ainsi que celui de son hôtel, au couvent dans lequel elle prononça ses vœux.

L'ex-ambassadeur mourut deux mois après la prise de voile de la marquise, laissant tous ses biens à son neveu, dont il ignora toujours la destinée.

Arrivé en Amérique, Aymé et son domestique menèrent une vie des plus aventureuses ; ils coururent bien des dangers, car indiens ou européens, étaient pour ainsi dire des ennemis pour eux.

Un jour entre autres, Aymé et son pauvre Claude, tombèrent dans un parti d'indiens qui, après les avoir laissés tous deux pour morts, les dépouillèrent complètement, et les abandonnèrent à demi-nus sur le sol.

Claude mourut deux jours après de ses blessures, et Aymé résista grâce à sa constitution.

Mais, miné par le chagrin, et seul désormais, sur cette terre étrangère, il se décida à regagner la France sur un navire espagnol qui devait le débarquer à la Corrogne.

La traversée fût heureuse; mais après deux jours de marche à travers cette province de l'Espagne, il tomba de fatigue et de besoin à la porte d'un monastère.

Quand il revint à lui, il était couché sur un lit orné de rideaux blancs, et un prêtre placé à son chevet, lui tenait un christ appuyé sur la poitrine, pendant que des voix de femmes psalmodiaient les prières des agonisants.

Aymé comprit qu'il était dans un couvent de religieuses, et sentit que son heure était venue.

Sur son désir, le prêtre le confessa et lui administra les derniers sacrements.

Pendant tout ce temps, une des religieuses s'était constamment tenue au chevet du malade, et avait tenu son voile baissé.

Quand après la cérémonie funèbre le prêtre se fut retiré, et que la sœur resta seule en prières auprès du moribond, cette dernière s'approcha de lui, et releva son voile.

Aymé tressaillit à la vue de ce visage qui lui rappelait des traits qu'il avait tant aimés, et chercha à rappeler ses souvenirs :

— Eva ! Eva ! murmura-t-il d'une voix mourante, est-ce vous ?

— C'est moi, mon ami ; moi, qui vous ai pardonné et qui me suis donnée à Dieu pour toujours.

— Ah ! c'est le ciel qui vous envoie ; écoutez, Eva, nous avons été trompés tous deux ; la marquise de Vercel s'est servie de fausses lettres pour nous abuser, et nous avons été ses victimes.

— Pensez à Dieu, mon ami ; dit Eva, en lui prenant la main ; nous nous reverrons là-haut.

Et elle lui montra le ciel.

Le lendemain, Aymé était mort ; le dernier des Carondelet venait de rendre son âme à Dieu sur la terre étrangère.

Quant à Eva de Leurandex, en religion, sœur des Anges, elle ne lui survécut que de quelques mois, et tous deux, reposèrent dans la même terre et sous le même ciel.

FIN.

DOLE, IMP. DUPRÉ-PRUDONT.

9 782329 777771